信州のおばあちゃんたちに聞いた
年後にも残したい
るさとレシピ100

大和書房編集部・編

大和書房

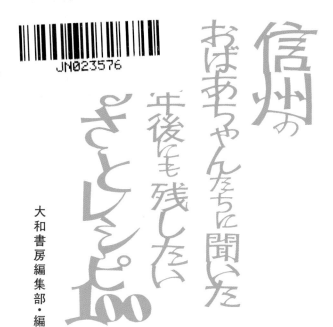

つららは冬の風物詩

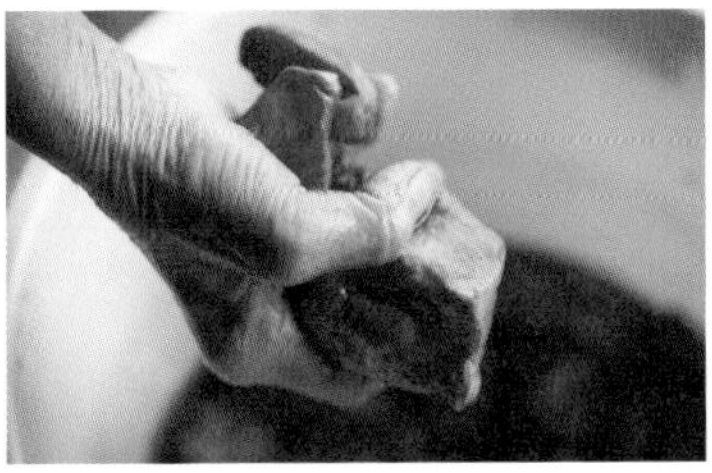

鮮やかな赤かぶの甘酢漬け

冬至かぼちゃだんご

はじめに

野山を賑わす春の山菜、滋味《じみ》に富んだ夏野菜、果物やきのこ類といった秋の味覚、そして厳しい冬を越す保存食——。

県土の8割が山地で、海はなく、昼夜の寒暖差が激しい長野県では、その風土を生かした食文化が脈々と受け継がれています。

一汁三菜の野菜中心の食生活が根づき、県をあげて行った「減塩運動」のおかげか、「日本一の長寿県」といわれて久しい長野県。そんな長野県のおばあちゃんたちに、四季折々の郷土食、ハレの日の料理、農作業の合間に食べる食事、お茶請《う》け、おやつ……などなど、信州の郷土料理を教えてもらいました。

長野県の北部に位置する雪深い「北信」、晴天率の高さを誇る「東信」、冷え込みが厳しい諏訪地域と温暖な伊那地域からなる「南信」、西側に位置し南北に長い「中信」の4エリアに分け、それぞれの地域の恵みを生かした郷土料理を紹介しています。

後世に残したい、先人が築いてきた料理の数々をぜひ食卓に——。

上杉謙信ゆかりの笹ずし

ピリッと辛味のきいたからし稲荷

軒下に吊るされた干し大根

寒く乾燥した日が続いたら干し柿の季節

豊かな大地の恵みを
最大限に生かした
信州ふるさとごはん

夏は野菜収穫のシーズン

もくじ

1章 北信

2章 東信

本書について

盆地や山脈などの地形や、歴史・交通などから分類される4つの地域（北信・東信・南信・中信）ごとに章立てして、ご紹介しています。

北信　長野市・須坂市・中野市・飯山市・千曲市・上高井郡(小布施町・高山村)・下高井郡(山ノ内町・木島平村・野沢温泉村)・上水内郡（信濃町・小川村・飯綱町)・下水内郡(栄村)・埴科郡(坂城町)

東信　上田市・東御市・小諸市・佐久市・南佐久郡(佐久穂町・小海町・川上村・南牧村・南相木村・北相木村)・北佐久郡（軽井沢町・御代田町・立科町)・小県郡(長和町・青木村)

南信　岡谷市・諏訪市・茅野市・飯田市・伊那市・駒ヶ根市・諏訪郡（下諏訪町・富士見町・原村)・上伊那郡(辰野町・箕輪町・飯島町・南箕輪村・中川村・宮田村)・下伊那郡(松川町・高森町・阿南町・阿智村・平谷村・根羽村・下條村・売木村・天龍村・泰阜村・喬木村・豊丘村・大鹿村)

中信　松本市・塩尻市・安曇野市・大町市・東筑摩郡(麻績村・生坂村・山形村・朝日村・筑北村)・北安曇郡(池田町・松川村・白馬村・小谷村)・木曽郡（木曽町・上松町・南木曽町・木祖村・王滝村・大桑村）

ページ下に掲載している市町村名や地域名は、取材にご協力いただいた方の居住地です。

複数地区にわたる場合は地域名を記載しています。料理によっては、市町村をまたいで掲載市町村以外でも継承されている場合があります。

本書では

- 計量カップは200mℓ、計量スプーン大さじ1は15mℓ、小さじ1は5mℓです。
- 火加減は、記載がない場合は中火を基準としています。調理時間はおおよその目安です。
- できあがりの分量はおおよその目安です。また、料理の味つけや使用する調味料は各家庭や地域によって異なります。独自の味わいを探究していただければ幸いです。
- 寒冷地独自の保存食も多くご紹介しています。地域によっては作ることができないもの（凍み豆腐、凍み大根など）、腐敗が進みやすいもの（各種漬物など）、手に入りづらい食材（山菜類、塩イカなど）などがありますことご容赦ください。また、「凍り豆腐」は「凍み豆腐」としています。
- 信州の代表的な郷土料理「おやき」は県下各地に広がり、その製法は地域によって千差万別です。網羅してお伝えすることが難しいため、今回はご紹介していません。

ご協力いただいた方（五十音順・敬称略）

P.12〜　**飯山市**　丸山花子、三井ひろみ
P.20〜　**栄村**　阿部榮子、月岡美子
P.28〜　**信濃町**　小板橋芙巳江、原山一子
P.35〜　**長野市（大岡）**　池内豊江
P.40〜　**長野市**　小林とも子
P.44〜　**東御市**　楢原由紀子、唐澤しづ子、荻原妙子
P.51〜　**小諸市**　美齊津順子
P.57〜　**佐久市**　土屋やよい、長岡のり子
P.68〜　**諏訪地域（諏訪市）**　矢島りえ、上原千歳
P.71〜　**諏訪地域（下諏訪町）**　松澤邦江
P.74〜　**原村**　永田せつ子
P.81〜　**伊那地域（辰野町）**　小野美佐子（P.81）
伊那地域（伊那市）　有賀豊子（P.82〜83、86）
伊那地域（南箕輪村）　菅家美果、田中美和子、田中實（P.84〜85）
P.88〜　**飯田市**　塩澤さく江（ほか三穂地区食生活改善推進協議会の皆さん）
P.95〜　**天龍村**　伊藤佑子
P.104〜　**大町市**　藤巻宗子・荻久保美枝子（P.104〜105）、平出志げ子（P.106）、遠藤悠紀（P.107）、五十川むつみ・遠藤恒子（P.108〜109）、曽根原叶子（P.110）
P.111〜　**小谷村**　松澤敬子
P.119〜　**松本市**　森田治子、磯部紀子、野村里美、川上光子
P.127〜　**安曇野市（明科）**　内川純子（P.127、136）
安曇野市（豊科）　横川英子（P.128〜129）、丸山勝子（P.130〜131）、平林和子（P.132、138）
安曇野市（堀金）　浅川みち子（P.133）、一志みゆき（P.134）
安曇野市（穂高）　曽根原久美子（P.135、137）
P.139〜　**南木曽町**　小椋シガ子
P.144〜　**木曽町開田高原**　上出竹子
P.152〜　**王滝村**　瀬戸美恵子

参考文献

『信州学大全』市川健夫（信濃毎日新聞社、2004年）
『信州の郷土食』市川健夫・倉島日露子監修、長野県商工会連合会婦人部編（銀河書房、1985年）
『日本の食生活全集⑳ 聞き書 長野の食事』「日本の食生活全集 長野」編集委員会編（農山漁村文化協会、1986年）
『イロリ端の食文化』今村龍夫（郷土出版社、1992年）
『郷愁の味・脱線話』金子万平（2003年）
『味のふるさと❹ 信州の味』（角川書店、1977年）
『ヘルスメイトが伝える 健康長寿を支える長野色の食』長野県食生活改善推進協議会編（ほおずき書籍、2005年）
『おふくろの味 ふるさとの味』石坂里子（信濃毎日新聞社、1996年）
『栄村 食の宝 ばぁのごっつぉ うんめぇ〜のし ハレのひ ケのひ』栄村食文化レシピ編集委員会（2008年）
『【信州】東御 食の風土記』とうみ食の風土記編纂委員会編（農山漁村文化協会、2020年）
『母から子へ 孫へ伝える佐久の味』佐久市農村生活マイスターの会（2013年）
『女性部の“たから”』JA松本ハイランド女性部（2021年）
『木曽谷食まわり1〜23』木曽おんたけ観光局

1章
北信

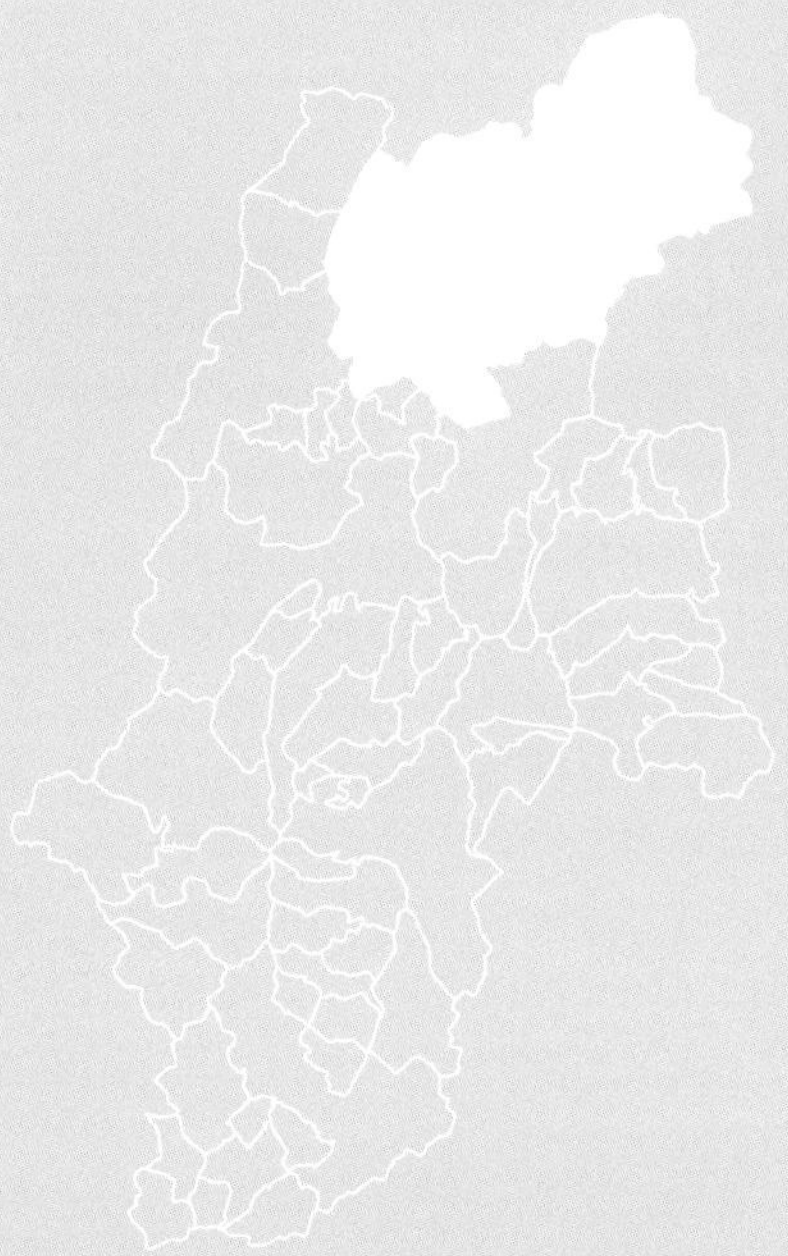

北信

長野県の北部に位置し、県庁所在地・長野市が位置する地域。千曲川下流域に広がる扇状地《せんじょうち》と山間部からなり、特に奥信濃と呼ばれる地域は全国屈《くっ》指《し》の豪雪地帯です。

善光寺平と呼ばれる扇状地を中心に千曲川下流域に広がる地域で、稲作や果樹栽培を中心に発展してきました。長野市松代町は長いも、中野市、須坂市、小布施《おぶせ》町、飯綱《いいづな》町、高山村、長野市豊野などはりんごやぶどうの産地。小布施町は栗の名産地としても知られています。市街地化が進み、他市町村からの流入も比較的多い地域ですが、今もおやきやうどん、ひんのべ、すいとん、そば、しょうゆ豆などの郷土料理が受け継がれています。長野市の西に位置する鬼《き》無里《なさ》・中条・信州新町・大岡、小川村など「西山」と呼ばれる山間部では、根菜は地中に、葉物は干して、山菜は塩漬けに、と冬の食糧確保の知恵が息づいています。

善光寺平のさらに北、長野県の最北に位置する飯山市、栄村、信濃町などは、奥信濃ともいわれる全国屈指の豪雪地帯です。新潟県に接して互いに文化交流も深く、食文化も多大な影響を受けています。たとえば「鯨汁《くじらじる》」や、海藻を用いた「えご」は、県境の峠道を越えて海の幸が運ばれてきたからこそ生まれた料理です。峠道は戦国時代、軍用路としても使われました。そのひとつ、富倉峠《とみくらとうげ》を越えて川中島の合戦などに向かった上杉謙信に振る舞われたとされるのが「笹ずし」です。飯山市と新潟県上越地域に伝わる郷土料理で、別名「謙信寿司」とも呼ばれます。飯山市を中心に伝わる「いもなます」は県下ではこの地域だけに見られますが、新潟県には類似した料理が受け継がれています。

飯山市と栄村に挟まれる野沢温泉村もまた豪雪地であり、上質なゲレンデと温泉を有する風情豊かな観光地です。村内に建つ健命寺は野沢菜発祥の地。8代住職・晃天園瑞《こうてんえんずい》が宝暦年間（１７５１〜１７６３年）に京都で買い求めた天王寺蕪《てんのうじかぶら》の種を蒔《ま》いたところ、蕪よりも葉茎が大きく成長し、現在の野沢菜に変異したといわれています。村内に湧く共同浴場の外湯や洗濯場で野沢菜を洗う「お菜洗い」は、初冬の風物詩です。現在は県下各地で栽培され、浅漬けに、長漬けに親しまれる野沢菜。健命寺でも古来の手法で原種の栽培が続けられ、その種の販売も行われています。

長野県の郷土料理の代表格「そば」は、稲作に向かない山間部で栽培されてきたもので、高冷地でも育てやすく生育が早いため貴重な食糧源でした。昼夜の気温差で生まれる霧に守られて良質なそばが育つといわれ、北信では長野市戸隠《とがくし》を筆頭に、信濃町、長野市左右《そう》高原など、霧下《きりした》そばの名産地が分布します。現在はそば切りが一般的ですが、そばがきや薄焼き、そば寄せなど、さまざまに食されてきました。栄村や山ノ内町に伝わるのは、そばがきにせん切りの大根をゆでて混ぜた県選択無形民俗文化財の「早そば」。信濃町では冷涼な気候を利用して、保存食の「凍りそば」が作られてきました。坂城町に伝わるのは、信州の伝統野菜・辛味大根「ねずみ大根」のおろし汁でいただく「おしぼりそば（うどん）」。いずれも風土に即した郷土料理です。

笹ずし

材料(40枚分)

- うるち米……675g
- もち米……75g
- 戻しぜんまい……190g
- 干ししいたけ……8g
- 大根の味噌漬け……80g
- 紅しょうが……40g
- むきくるみ……25〜30g(6〜7個分)
- 笹の葉……40枚
- かつお節……5g

Ⓐ
卵……1個
砂糖……3〜4g
塩……0.5g

Ⓑ
酢……100mℓ
砂糖……大さじ3
塩……小さじ1／2

- 砂糖……35g
- 油……適量

長野県飯山市や新潟県上越地方に伝わるハレの日の郷土食。富倉峠を越えて川中島の合戦に向かう上杉謙信の軍勢に振る舞われたのがはじまりという説もあり、謙信寿司とも呼ばれています。飯山市選択無形民俗文化財に指定されている華やかな逸品です。

作り方

1. うるち米ともち米を合わせて研ぎ、1時間置く。水を切り、米と同量の水（分量外）で炊く。笹の葉は洗って拭いておく。

2. ボウルにⒶの材料を入れて混ぜ、油を薄く引いて熱したフライパンで薄焼き卵を作り、細切りにして錦糸卵にする。

3. ぜんまいは1㎝幅に切って水気を切る。干ししいたけは水で戻し、石づきを取って粗みじん切りにする。大根の味噌漬けも粗みじん切りにする。

4. フライパンに油適量を熱し、大根の味噌漬けを炒めたらぜんまいとしいたけを加える。油がなじんだら砂糖を加えて汁気がなくなるまで炒め、かつお節を加えて混ぜ合わせる。

5. ボウルにⒷを入れて合わせ酢を作り、炊き上がったごはんにしゃもじをつたわせて回しかけ、切るようにして混ぜる。うちわであおいで照りを出す。

6. 手に酢水（分量外）をつけて⑤の酢飯をひと握りし、笹の葉の中央に楕円形に広げ、中央をへこませる。

7. ⑥に④の具材、②の錦糸卵、紅しょうがの順にのせる。くるみを具材の上に添え、全体を軽く押して整えたら完成。

• 笹の葉の殺菌・防腐効果を生かした料理。笹の葉は収穫をしたら、1枚ずつラップをして冷凍保存しておくと年間通じて使えます。

いもなます

江戸時代から食されてきた飯山の郷土食。ハレの日には細切りにしたにんじんを加える家庭もあります。でんぷんを抜くことで独特のシャキッとした食感が楽しめる一品。かつてはじゃがいもをひと晩、水にさらしていたこともあったそうです。

材料（4人分）

- じゃがいも……300g
- 酢……大さじ3
- 砂糖……大さじ4
- 塩……小さじ1／2
- 油……大さじ3

作り方

1. じゃがいもは皮をむき、細いせん切りにする。かぶるくらいの水に浸し、水を替えながら最低2時間以上さらしてでんぷんを抜く。
2. ザルに①をあげて水気を切る。
3. 鍋に油を強火で熱し、②を炒める。全体に油が回り、少ししんなりしたら酢を加える。
4. さっと混ぜ合わせたら砂糖を加え、汁気がなくなるまで炒める。塩で味を調え、器に盛ったら完成。

・最初に酢を加えることで食感がよくなり、かつ味を引き締めることにもひと役買います。

えご

乾燥させた海藻「えご草」を使ったお盆の料理。今では冠婚葬祭《かんこんそうさい》に供《きょう》される定番の品です。かつては新潟県から歩いてやって来る魚商《ぎょしょう》からえご草を買い求めました。北信や大北地域(大町市と北安曇郡)、木曽地方などでも親しまれている料理です。

材料(4人分)

- えご草……40g
- からしじょうゆ……適宜
- 酢味噌……適宜
- 水……1~1.2ℓ

作り方

1. えご草は水洗いし、砂やごみを取り除く。
2. 鍋に水とえご草を入れて強火にかけ、えご草を煮溶かす。
3. ひと煮立ちさせたら弱火にし、20~30分ほど練る。
4. 混ぜたときに鍋底が見える程度のかたさになったら火を止め、バットに流し入れて冷まし固める。
5. 1cm幅に切り、器に盛りつけたら完成。お好みでからしじょうゆや酢味噌でいただく。

- 使うえご草によって水分量が違うので、煮溶かすときの水分量や練り時間でかたさを調整してください。焦げやすいので火加減に注意。

おはづけ煮

寒さが厳しい冬の初めに漬けた野沢菜漬けの長漬け（塩漬け）は、春近くになって乳酸発酵《はっこう》が進みます。野沢菜漬けの酸味が出てきたその頃に作る料理が、このおはづけ煮。保存食を再利用して味を変え、余すことなく最後までおいしくいただきます。

材料（作りやすい分量）

- 野沢菜漬け……2kg
- 煮干し……適量
- 酒粕……150g
- しょうゆ……大さじ2
- 油……大さじ3

作り方

1. 野沢菜漬けを2〜3cm幅に切り、水に浸してやや塩気が残る程度まで塩抜きする。
2. 鍋に油を熱し、水気を絞った①を炒める。
3. 油がなじんだら煮干しとかぶる程度の水（分量外）を加え、やわらかくなるまで煮る。
4. 酒粕を③の煮汁で伸ばし、鍋に加えて混ぜ合わせる。しょうゆも加えて煮含め、汁気がやや残る程度まで煮たら完成。

- 大豆など豆類を一緒に入れて煮てもおいしく仕上がります。

丸なすと塩皮鯨の煮物

飯山市

塩蔵した塩皮鯨は脂たっぷりの貴重なスタミナ源。夏の暑い盛りに収穫される丸なすとともに煮て、鍋いっぱいに作りました。かつては安価だった塩皮鯨ですが、今では一転、高級品になっています。

材料（4人分）

- 塩皮鯨……100g
- 丸なす……4個
- じゃがいも……2個
- 玉ねぎ……2個
- モロッコいんげん……8本
- みょうが……8個
- しょうゆ……大さじ4
- 砂糖……大さじ1
- 水……720㎖

作り方

1. 塩皮鯨は洗って水に浸し、やや塩気が残る程度まで塩抜きする。ザルにあげ、2㎝幅に切る。
2. 丸なすは四つ切りにして水にさらす。じゃがいもは皮をむいて四つ切りに、玉ねぎは6等分のくし形切りにする。モロッコいんげんは食べやすい大きさに、みょうがは縦半分に切る。
3. 鍋に水とじゃがいもを入れて火にかけ、やわらかくなるまで煮る。さらに、残りの材料をすべて加えて煮る。
4. 煮えたら火を止めて置き、味を含ませたら完成。食べるときには温め直して器に盛る。

- じゃがいもや玉ねぎは、煮込むと溶けやすいので大きめに切りましょう。

ゆうごと鯨汁

塩皮鯨は長野県の中でも栄村や飯山市など北信濃に伝わる独特の食文化です。「ゆうご」とは、夏を代表する野菜「夕顔」のこと。その淡白な味わいが塩皮鯨の脂とよく合う味噌汁で、暑い夏でも食が進んで精がつきます。

材料（6人分）

- 塩皮鯨……200g
- ゆうご（夕顔）……500g
- 玉ねぎ……1／2個
- だし汁……1ℓ
- 味噌……80g

作り方

1. ゆうごは皮をむいて四つ割りにする。スプーンなどでわたと種を取り除き、3〜5㎜幅の薄切りにする。
2. 玉ねぎも薄切りにする。
3. 塩皮鯨は洗って5㎜幅の短冊切りにし、油を引かずにフライパンで炒める。
4. 鍋にだし汁を入れて火にかけ、ひと煮立ちさせたら①②③を加えて煮る。
5. 具材がやわらかくなったら、味噌を溶き入れる。ふつふつとする直前で火を止め、お椀に盛ったら完成。

- 工程③では、塩皮鯨から出る脂をキッチンペーパーなどで拭き取りながら炒めます。炒めることで煮てもかたくならず、さらに香ばしく仕上がります。お好みでじゃがいもやなすを入れても美味。

かて菜《ぜ》

栄村の冬の、ごはんのお供。野菜を多く食して白米を温存するため、「糧菜」と名づけられたともいわれています。夏は夏野菜と大根の味噌漬けを刻んだ「やたら」をいただきます。いずれもすべての材料をいかに細かく切るかがポイントです。

材料（4人分）

- 大根……400g
- にんじん……40g
- 野沢菜漬け……180g
- 大根の味噌漬け……45g
- 酢……100mℓ
- 砂糖……25g
- 塩……少々

作り方

1. 大根は皮をむいて5㎜角の角切りにし、塩水に浸しておく。
2. にんじんは3㎜角の角切りに、野沢菜漬けと大根の味噌漬けも同程度の大きさに切る。
3. ①の水気をよく切り、すべての材料をボウルに入れて混ぜ合わせたら完成。

- 家庭によっては、くるみやごま、夏に収穫して塩漬けしておいたしその実を加えます。

ぜんまい煮

天日干しにすることでミネラル分が増え、香りも増すといわれるぜんまい。干すときによくもむことで繊維が壊れて食感もよくなります。上手な人が干したぜんまいは、くりくりとよくねじれているのですぐにわかります。

材料（6人分）

- 干しぜんまい……800g
- 赤唐辛子……1本
- だし汁（煮干し）……200㎖
- しょうゆ……大さじ5
- みりん……大さじ1
- 砂糖……大さじ5
- 塩……小さじ1
- 油……大さじ2

作り方

1. 干しぜんまいはたっぷりの水に数時間浸しておく。
2. 鍋に干しぜんまいとたっぷりの水を入れて火にかけ、沸騰直前で火を止めてそのまま冷ます。ぬるま湯になったらよくもみ、さらに冷ます。水を替えながら三日三晩、ぜんまいがやわらかくなるまで同様に繰り返す。
3. ぜんまいの水気を切る。
4. 鍋に油と刻んだ赤唐辛子を入れて熱し、ぜんまいを炒める。
5. 油がなじんだらだし汁を加え、お好みのやわらかさになるまで煮る。さらに砂糖としょうゆを加えて煮含める。
6. みりんを加えて照りを出し、塩で味を調えたら完成。

- 干しぜんまいは、生のぜんまいを熱湯にさっとくぐらせてからむしろなどに広げ、束で手に持ち、むしろに押しつけるようにして数回もみ込んでから天日に干したもの。ぜんまいがねじれるようにもみ込むのがポイントです。天気がよければ1日で完成します。

えごまのぼた餅

古来、長野県各地で実から油を搾るために栽培されてきたえごま。料理にも使われてきましたが、ぼた餅はその代表的な料理のひとつ。日々の食卓で愛される品で、ごまとは異なる独特の香ばしさが魅力。

材料（15個分）

- もち米……3合
- えごま……50g
- 砂糖……大さじ4
- 塩……ひとつまみ

作り方

1. もち米を研ぎ、同量の水（分量外）に1時間ほど浸してから炊く。
2. 煎ったえごまをすり鉢に入れ、砂糖と塩を加えてすりこぎでする。
3. 炊いたもち米を15等分にして丸め、②をまぶしたら完成。

- すったえごまをほうれん草などに絡めれば、「ほうれん草のえごま和え」に。えごまはごまとほぼ同じように使えます。

干しこごみの油炒め

栄村

春の味覚「こごみ」は収穫後すぐにゆでて食してもおいしいのですが、干すことで味が凝縮され、かつ長く食せる保存食になります。塩漬けに比べて干しこごみの方が素材の味がより生かされ、食感もいいので、好んで作る人が多いです。

材料（4人分）

- 干しこごみ……600g
- しょうゆ……大さじ3
- 砂糖……大さじ4
- 油……大さじ2

作り方

1. 鍋に干しこごみとたっぷりの水を入れて火にかけ、沸騰直前で火を止めてそのまま冷ます。ぬるま湯になったら2、3回もむ。水を替えて同様に繰り返す。
2. 再び水を替えて火にかけ、沸騰直前で止めたらそのままひと晩置く。
3. ②を洗って水気を切り、半分に切りそろえる。
4. フライパンに油を熱し、③を炒める。
5. 油が回ったら、砂糖としょうゆを加えて炒める。味がなじんだら完成。

- 干しこごみは、生のこごみを熱湯にさっとくぐらせ、もんでやわらかくし、よく乾燥させて作ります。天気のよい日を見計らって作業します。

凍りそば

江戸時代末期から戦前まで食されてきた信濃町の郷土食。真冬のもっとも寒い頃に打ったそばをゆでて、ひと口ごとに丸く形を整え、凍らせて自然乾燥させた保存食です。近年、家庭で作ることはなくなりましたが、町おこしで復活。その手間ひまから高級品として知られ、贈答などに用いられています。

材料（6人分）

- 凍りそば……6個
- ほうれん草……適量
- だし汁……1ℓ
- しょうゆ……大さじ1
- 塩……小さじ1弱

作り方

1. 鍋にだし汁、しょうゆ、塩を入れて火にかけ、そばつゆを作る。
2. ほうれん草は熱湯でさっとゆでて水に取り、よく絞ったら2cm幅に切る。
3. お椀に凍りそばと②を入れ、温かいそばつゆを注いだら完成。

- 食べるときは2～3分置き、戻ったところをほぐしていただきます。ほうれん草の代わりに三つ葉など、その時季にある青物で代用しても構いません。凍りそばを油で揚げ、とろみをつけたつゆをかけて「あんかけそば」にしても美味。

根曲がり竹と鯖の味噌汁

北信濃を中心に5～6月に収穫される根曲がり竹はチシマザサのたけのこで、雪の重さで根元が曲がることから名づけられました。アクがなく手軽に調理できる根曲がり竹の定番は、皮ごと焼いていただく以外に、この味噌汁。春から初夏の風物詩ですが、収穫期が集中するので水煮にして保存しておくと年中使えて便利です。

材料（4人分）

- 鯖缶（水煮）……1／2缶
- 根曲がり竹（水煮）……150g
- 卵……1個
- だし汁……500㎖
- 味噌……大さじ2

作り方

1. 根曲がり竹の根に近い部分は7㎜幅の小口切りにする。穂先は食べやすい長さに切る。
2. 鍋にだし汁と①を入れて火にかけ、やわらかくなったら汁気を切った鯖缶をほぐし入れ、味噌を溶き入れる。
3. 沸騰直前に、溶いた卵を菜箸につたわせて細く流し入れる。浮き上がってきたら火を止め、お椀に盛りつけたら完成。

- 生の根曲がり竹を使う場合も、ゆでる時間が長くなるだけで作り方は同じです。生の方が竹の子ならではの香りがより楽しめます。お好みで玉ねぎやじゃがいもを入れる家庭もあります。

身欠きにしんの根曲がり竹と煮物

6月頭からはじまったという信濃町の田植え。その「お小昼《こびる》（おやつ）」に食されてきた煮物です。大きなきなこむすび、黒ごま塩むすび、そしてこの煮物が定番で、朝3時に起きて食事と田植えの準備をし、親戚やご近所など田植えを手伝いに来てくれた人々とともに食しました。

材料（6人分）

- 身欠きにしん（半身）……2枚
- 根曲がり竹……100g
- にんじん……75g
- 凍み大根（輪切り）……16個
- だし汁……500mℓ
- しょうゆ……大さじ3
- 酒……大さじ2
- 砂糖……大さじ1・5
- 塩……小さじ1

作り方

1. 凍み大根は水に浸して戻しておく。
2. 身欠きにしんは3cm幅に切る。鍋に入れ、米の研ぎ汁をひたひたに注いで火にかけ、やわらかくなるまで2回ほどゆでこぼす。
3. 根曲がり竹の穂先は4cm長さの斜め切りに、にんじんは5mm幅の半月切りにする。
4. 鍋にすべての材料を入れて強火にかけ、ひと煮立ちさせたら弱火にして20分ほど煮込む。
5. 汁気が少し残る程度まで煮込み、味が染み込んだら完成。

- 凍み大根は、大根を2cm程度の輪切りにして12月頃から干しはじめます。生の大根よりも味が染みやすく、食感もとろりと仕上がります。身欠きにしんはやわらかくなるまでゆでこぼしてください。

やたら

夏野菜が出はじめる7〜10月の初めまで食卓にのぼる、野菜のふりかけ「やたら」。信濃町で栽培される信州の伝統野菜「ぼたごしょう」の辛味がポイントです。「やたらめったら」に野菜を切ることから名づけられたといわれ、由来のとおり、野菜の大きさや種類は家庭によってさまざまです。

材料（4人分）

- なす……70g
- ぼたごしょう……1個
- 大根の味噌漬け……50g
- みょうが……60g

作り方

1. ぼたごしょうは種を取り除く。
2. すべての材料を2〜3㎜角のみじん切りにする。
3. ボウルに②を入れてよく混ぜ合わせたら完成。白いごはんにたっぷりかけていただく。

- きゅうりを入れる家庭もありますが、水分が出やすくなるので、よく水気を絞ってから入れるのがポイント。初夏、夏野菜が出回らない時季は、みょうがたけと大根の味噌漬けだけで作ることもあります。

ルバーブジャム

外国人宣教師が伝えたともいわれるルバーブ。シベリア原産のため信濃町の冷涼な気候がよく合い、古くから栽培されて今や特産のひとつとして知られています。自然の酸味がさわやかで、ヨーグルトにかけたり、パンに塗るなどして楽しみます。

材料（4人分）

- ルバーブ（茎）……300g
- 砂糖……80g

作り方

1. ルバーブは1～2cm幅に切る。
2. 鍋にルバーブと砂糖を入れて混ぜ、弱火にかける。
3. 焦げないように木べらで混ぜながら煮込み、アクが出たら取る。
4. 茎が煮溶けてジャム状になったら完成。

- ルバーブによって赤く仕上がるものと、緑に仕上がるものがあります。どちらも味わいに変わりはありません。

こんにゃくの刺身

「こんにゃくこねはじめたら電話さ出るな」といわれるほど、練るときは集中して一気に作り上げることが大切なこんにゃく。手間ひまも力も必要な台所仕事のひとつですが、市販品にはないおいしさがあります。

材料（4丁分）

- こんにゃく芋……1kg
- 炭酸ナトリウム……25g
- わさびじょうゆ……適宜
- 水……3ℓ

作り方

1. こんにゃく芋の皮をむき、ひと口大に切る。
2. ①と、その半量の水（分量外）を合わせ、なめらかになるまでミキサーにかける。ミキサーの大きさに応じて何度かに分けて行う。
3. 鍋に水を入れて沸かし、②を加えて強火にし、すりこぎで練る。全体の色がなじんだら火を止め、炭酸ナトリウムを加えて混ぜる。
4. 容器に注いでならし、上から水（分量外）を1cm程度注ぐ。
5. 固まったら1丁大に切り、たっぷりと沸かした湯で20分ほどゆで、アクを抜く。
6. 冷水に取り、1時間に2、3回水を替える。
7. 薄く切り、器に盛ったら完成。お好みでわさびじょうゆでいただく。

- できあがりはとてもやわらかく、切ったところからくっついてしまうので、食べる直前に切るのがおすすめ。保存する場合は水に浸けておきます。おでんにもよく合います。

ニラせんべい

長野県を代表する家庭料理のひとつです。農作業の合間に簡単に作れることから、食事のほかおやつとしても食べられてきました。地域や家庭によっては、余ったごはんを加える場合もあります。

材料（2人分）

- 地粉（中力粉）……100g
- ニラ……1／2束
- 卵……1個
- Ⓐ 味噌……大さじ1
水……大さじ1
- 油……適量
- 水……150㎖

作り方

1. ニラを3cm幅に切る。
2. ボウルに地粉、ニラ、卵、水を入れて混ぜたら、溶いたⒶを加えてさらに混ぜる。
3. フライパンに油を熱し、お玉で②を流し入れ、薄く伸ばして焼く。
4. 裏返して焼き、両面に軽く焦げ目がついたら完成。

- 焼くとき、油を多めに熱して揚げ焼きにすると、カリッとした食感とニラの香ばしさが増します。

なす焼き

北信地方で多く栽培される丸なすを使った夏の定番料理。特にお盆には、お皿に山盛りに作ります。〝焼き〟とはいいますが天ぷらのこと。揚げたての熱々が特別おいしく、つまみ食いでなくなってしまうことがあるほどです。

材料（2人分）

- 丸なす……2個
- Ⓐ
  - 味噌……大さじ2
  - 砂糖……小さじ1
  - 油……1滴
- Ⓑ
  - 小麦粉……大さじ4
  - 水……大さじ2
- 揚げ油……適量

作り方

1. 丸なすの皮を縞目《しまめ》にむき、1cm幅の輪切りにする。
2. 丸なすの断面に格子状の切り込みを入れ、混ぜ合わせたⒶを塗り込む。
3. ボウルにⒷを入れ、さっくり混ぜて衣を作り、②に絡める。
4. 180度に熱した揚げ油で③を揚げる。丸なすに串を刺し、刺さったところが温かければ完成。

- 衣は通常の天ぷらよりかために作ることで丸なすによく絡まり、味噌が染み出て揚げ油がはねるのを防ぎます。

そば寄せ

長野市

お茶の時間や冠婚葬祭など、いわゆる「人寄せ」と呼ばれる人が集まる場所には、よく登場するお茶請けです。やさしい甘味とそばの素朴《そぼく》な風味で、特に新そばの季節は香り高く、格別です。

材料（4人分）

- そば粉……50g
- 粉寒天……4g
- 砂糖……130g
- 塩……少々
- 水……500mℓ

作り方

1. 鍋に水以外の材料を入れてよく混ぜ合わせたら、水を加えて泡立て器で混ぜる。
2. 火にかけて混ぜ、気泡が2つ上がったら弱火にし、4つ上がって色が統一したら火を止める。
3. 容器に流し入れ、冷し固める。お好みの大きさに切り分け、器に盛りつけたら完成。

- 焦げやすいので火にかけたら目を離さず、一気に仕上げること。

材料（1人分）

- 地粉（中力粉）……1合
- 小豆……50g
- 塩……ひとつまみ
- 水……適量

作り方

1. 小豆を一昼夜、湯に浸す。
2. 鍋に小豆とかぶる程度のたっぷりの水（分量外）を入れ、強火でゆでる。
3. 小豆が中くらいのやわらかさになったら中火にし、さらに煮る。
4. 小豆がさらにやわらかくなったら火を止め、すりこぎで軽くつぶし、塩を加える。
5. 地粉に水を少しずつ加えながら混ぜ、耳たぶ程度のやわらかさになるまでよくこねる。
6. 手につかなくなったら伸ばして薄くし、麺棒に巻きつけて横に包丁を入れて切り離し、1cm幅の麺状に切る。
7. 温めた④に⑥を加えて3～5分ほど煮込み、麺の縁が半透明に変わったら完成。

- しょうゆや味噌、砂糖を入れるなど、家庭によって味つけはさまざまです。

あずきざざ

正月などに登場するもてなしの料理。「ざざ」とは長い麺類のことを指し、「おざんざ」とも。見た目はうどんのお汁粉のようですが甘くなく、塩味。「お舅《しゅうと》さんが大好きで正月以外にもせがまれて作った」という思い出も耳にします。

長野市

野沢菜の長漬け

毎年、雪が1、2回降った12月10日頃から漬けはじめる野沢菜漬け。長野県のもっとも代表的な郷土料理です。霜が降りて野沢菜がやわらかくなるのがこの頃。りんご農家では自家製ジュースを入れるのがポイントです。

材料（作りやすい分量）

- 野沢菜……10kg
- 赤唐辛子……ひとつかみ
- りんごジュース……2升
- 昆布……1枚（10cm×10cm）
- かつお節……適量
- 塩……適量

作り方

1. 野沢菜は洗い、漬ける樽の大きさに合わせて切る。
2. 直径30cmの深鍋にたっぷりの湯（分量外）を沸かし、昆布、かつお節、塩ふたつかみを入れて溶かす（海水よりやや塩辛い程度が目安）。
3. 樽に冷ました②を入れる。野沢菜を葉と茎が交互になるように一段入れたら、野沢菜がやや見える霜降り程度に塩を振り、赤唐辛子適量を加える。茎には多めに塩を振る。
4. 同様に野沢菜、塩、赤唐辛子の順に重ねていく。
5. ④にりんごジュースを回し入れ、落とし蓋をして野沢菜の重さの倍程度の重しをする。
6. ひと晩で水が樽の中ほどまで上がるのが理想（上がらなければ呼び水を入れる）。水が上まできたら重しを半分程度にする。2週間ほど漬け込んだら完成。

- りんごジュースを入れると色が鮮やかで風味もさわやかに仕上がります。

野沢菜は、株の切り口が5円玉程度の大きさのものがやわらかくておすすめ。発酵が進みすぎるようであれば、乾燥した大豆を入れるとおさまります。塩の量は「手加減」。お好みの味を見つけてください。

2章

東信

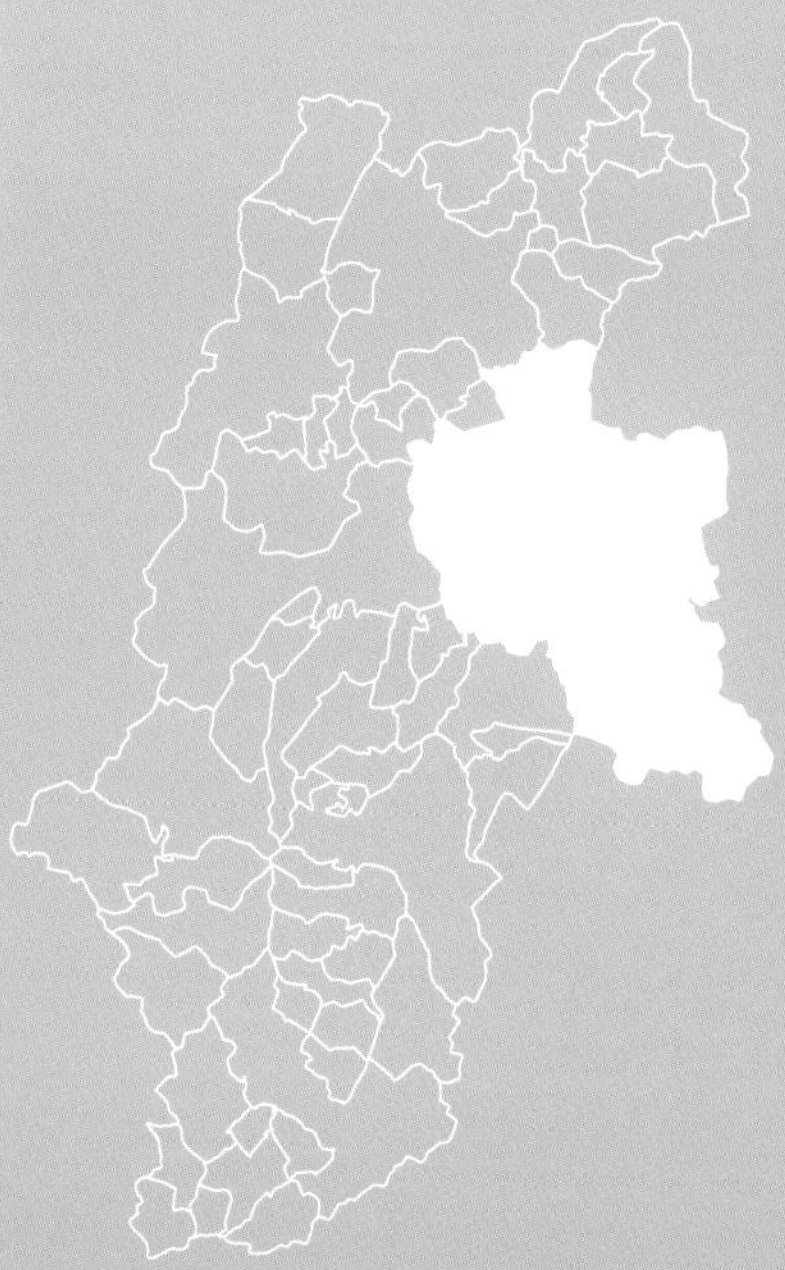

東信

東京をはじめ関東地方からの玄関口となる東部エリア。千曲川源流からその流域に連なる肥沃な地域で、かつ全国屈指の晴天率の高さを誇り、稲作や果実、高原野菜の栽培が盛んです。

東信の北に位置し、冬でも比較的穏やかな気候が特徴的な上田盆地は、かつて信濃国の国府《こくふ》が置かれ、古代から開田が進められてきた地域。人や物資の往来も多く、食文化も多様で豊かに育まれてきたことがうかがえます。

　上田市や千曲市の千曲川流域で見られる「つけば料理」は、初夏、浅瀬に鮠《はや》（別名赤魚《あかうお》、鯎《うぐい》）の産卵場所「つけば」を仕掛けて集まったところを捕らえ、その場で塩焼きや魚田《ぎょでん》などにしていただきます。ほかにも千曲川やその支流では鮎や岩魚《いわな》、山女魚《やまめ》などの川魚も親しみのある食材です。

　千曲川の潤沢《じゅんたく》な恵みの一方で降水量は極めて少なく、上田市塩田《しおだ》地区の別所温泉には国選択無形民俗文化財の雨乞《あまご》いの奇祭「岳《たけ》の幟《のぼり》」もあるほどです。当地区内には１００を超えるともいわれる溜池《ためいけ》があり、それらを利用して育てた鯉は「塩田鯉」と呼ばれ、郷土の味として息づいてきました。

　上田市真田《さなだ》地区の「戸沢のねじ行事」では、2月、米粉を練って縁起物や干支《えと》を象《かたど》った鮮やかな「ねじ」を作り、ワラ馬を引いて道祖神《どうそじん》に供える行事が伝承されるなど、周縁部には年中行事とともに独自の食文化が色濃く残ります。

　上田盆地南部の東御《とうみ》市は全国一のくるみの産地で、「くるみおはぎ」など、食し方はさまざまです。近年ではワイン用ぶどうの栽培も盛んで、２０１０年以降は東御市を中心に東信だけで20軒近いワイナリーが開業しています。

　一方、東信の中でも中央に位置する佐久・小諸地域。浅間山を見晴らす佐久平には豊かな水田が広がり、その田で江戸時代から放し飼いにしてきたのが鯉や鮒《ふな》です。米以外の収入源として、内陸の貴重なタンパク源として欠かせないもので、鯉は「佐久鯉」と呼ばれ、鯉こく、うま煮、すずめ焼き、あらいなど、今もハレの食として親しまれています。県下各地でお年取りの魚が異なりますが、この地域では鯉や鮭を食すのが一般的です。鮒は、お盆に欠かせない食。その時季にしか流通しない、季節の味です。

　佐久平一帯は標高６００ｍ以上に位置し、野辺山《のべやま》をはじめ夏でも冷涼な気候を生かしてレタスや白菜など高原野菜の畑も多く、その生産量は全国屈指。花豆をはじめとした高冷地ならではの特産物の栽培も盛んです。冬の冷え込みも非常に厳しく、日本酒造りや、凍み大根・凍み豆腐作りも盛ん。特に佐久市浅科地区の「矢島の凍み豆腐」は品質が高く、特産品として人気です。銘醸《めいじょう》地《ち》らしく酒粕を使った漬物も、お茶請けに、食事に欠かせません。

　稲作が中心ですが、小麦文化も色濃く根づいています。平たいうどんをかぼちゃやたっぷりの野菜などと煮込んだ味噌仕立ての「ほうとう」「おほと」は、武田信玄が川中島の合戦の際に山梨県から持ち込んだともいわれています。

　上田市別所温泉や、南相木《あいき》村、北相木村は松茸の名産地。ほかにも岩茸や「じこぼう」といった山のきのこが秋になると食卓を賑わすなど、土地の恵みに事欠かない地域です。

白土馬鈴薯《はくどばれいしょ》のいももちとくるみの味噌だれ

白土馬鈴薯は東御市の御牧原《みまきはら》台地のみで生産されるじゃがいもの名称。品種は男爵ですが、その生育環境から、白くてほくほくのじゃがいもに育ちます。「いももち」の名前のとおりもっちりとした食感で、初めて食べた人はじゃがいもとは気づかないかもしれません。

作り方

1. フライパンでⒶのくるみを煎り、香りが立ってきたらザルにあげてふるう（薄皮がある場合は取り除く）。
2. すり鉢で①をすり、粒がお好みの大きさになったら、Ⓐの調味料を加えて混ぜる。
3. 白土馬鈴薯は皮をむき、適当な大きさに切る。鍋に入れ、ひたひたの水を加え、火にかけてゆでる。
4. ゆで上がったら湯を捨て、鍋を揺すって粉ふきいものようにしながら水分を飛ばす。
5. ④が熱いうちにマッシュし、冷ます。
6. 粗熱がとれたら片栗粉を加え、こねるようにして混ぜる。まとまってきたら、50gずつに分けて小判形に整える。
7. フライパンにやや多めの油を極弱火で熱し、⑥を並べて蓋をして焼く。両面に焦げ目がつき、押して弾力が出てきたら火を止める。
8. 器に⑦を盛り、②のくるみだれをかけていただく。

・じゃがいもが熱いうちに片栗粉を加えると、粘り気が出て形が整えにくくなるので注意。砂糖じょうゆを絡めてもおいしいです。じゃがいもは、ほかの品種でも作れます。

材料（8〜10個分）

・白土馬鈴薯（じゃがいも）……500g

Ⓐ
- むきくるみ……75g
- 味噌……15g
- みりん……大さじ2
- 砂糖……50g

・片栗粉……100g

・油……適量

くるみおはぎ

日本一の生産量を誇る東御市のくるみ。収穫したら、殻のまま3週間ほどよく干せば、カビが生えることなく長く保存できます。殻をむいて冷凍するのもおすすめ。お菓子に、料理にとさまざまに用いられますが、おはぎも定番。お彼岸《ひがん》はもちろん、人寄せの際にも作られます。

材料(15個分)

- もち米……3合
- むきくるみ……200g
- 砂糖……200g
- 塩……2g(砂糖の1%)
- 水……もち米の分量の90%

作り方

1. フライパンでくるみを煎り、香りが立ってきたらザルにあげてふるう(薄皮がある場合は取り除く)。
2. すり鉢で①をすり、粒がお好みの大きさになったら砂糖と塩を加えて混ぜ合わせる。
3. 炊飯器にもち米と水を入れて炊く。炊き上がったら、すりこぎをひねるようにして8分目程度までつぶす。
4. ③を15等分にして丸め、②のくるみをまぶしたら完成。

- 煎ったくるみを袋などに入れて叩いておくと、すりつぶすときに手間が減ります。もち米をつぶすのは40~50回ほどが目安。

くるみの砂糖がけ

砂糖が貴重品だった頃は、上等なお菓子として愛されていました。今は東御市周辺の、家庭の定番おやつのひとつです。カリッとした食感と、くるみ独特のほのかな苦味がクセになる味わい。

材料(作りやすい分量)

- むきくるみ……400g
- しょうゆ……大さじ2
- グラニュー糖……200g
- 水……60ml

作り方

1. フライパンにしょうゆ、グラニュー糖、水を入れて火にかける。
2. 泡が大きくなってきたらくるみを加え、よくかき混ぜて手早く絡める。
3. 表面がサラサラとしてきたら焦げる前に火から下ろし、器に盛りつける。

- くるみは先にトースターやオーブンで軽く焼いておくと、より香ばしく仕上がります。工程②で、泡が小さいときにくるみを加えるとキャラメル状になってしまうので注意してください。

きゃらぶき

5月頃になるとあちこちでふきが伸びる様子は、信州らしい風景のひとつ。甘じょっぱく炊いたきゃらぶきは、お茶請けの定番。野ふきはやわらかいので、そのまま煮ても皮や筋は気になりません。皮があることでかえって煮崩れることなく炊くことができます。

材料（作りやすい分量）

- 野ぶき……1kg

Ⓐ
しょうゆ……150㎖
酒……150㎖
砂糖……150g

Ⓑ
みりん……50㎖
酢……大さじ1

作り方

1. 野ぶきは5㎝長さに切る。
2. 鍋にたっぷりの湯を沸かし、①を皮ごとゆでて1、2回ほどゆでこぼす。
3. 別の鍋にⒶを入れて火にかけ、ひと煮立ちさせたら②を加え、再び沸いたら弱火にする。
4. 時折火にかけては冷ますことを2日ほど繰り返し、味を染み込ませる。
5. 仕上げにⒷを加えてなじませ、照りをつけたら完成。

- Ⓑは、工程③でⒶと一緒に加えても大丈夫です。調理したものを冷凍保存してもいいですし、工程②のゆでこぼしたあとのふきを冷凍したり、乾燥させて保存することもできます。

切り干し大根の煮物

切り干し大根（凍み大根）は、大根1本丸ごと、あるいは輪切りにして作るなどさまざまですが、東御市周辺では親指ほどのサイズに切って作るのだそうです。

材料（4人分）

- さつま揚げ……1枚
- 切り干し大根……60g
- にんじん……中1本
- ごぼう……1／2本
- こんにゃく……1／2丁

Ⓐ
切り干し大根の戻し汁……400mℓ
しょうゆ……大さじ3
みりん……大さじ3
砂糖……小さじ1

作り方

1. 切り干し大根は洗って水に浸し、水を替えながら1〜2日ほど置いて戻す。
2. 鍋に①と米の研ぎ汁適量を入れて火にかける。ひと煮立ちさせたら火を止めてそのまま冷まし、冷水で流して軽く絞る。
3. さつま揚げ、にんじん、ごぼう、こんにゃくはひと口大に切る。
4. 鍋にⒶを入れて火にかけ、ひと煮立ちさせたら②と③を加えて弱〜中火で煮る。具材に味が染みたら完成。

- 大根は冬の寒い時季に干します。干す目安は、親指ほどに切った大根が、鉛筆ほどの太さになるまで。しっかりと干すことで年間通じて食べられます。

鹿肉の燻製

親戚や友人に猟師がいるということも、長野県ではよく耳にする話です。古くは、暮れになると鹿や猪《いのしし》といった山肉がおすそ分けで届くことがあり、刺身やカツレツ、唐揚げ、鍋料理とさまざまに食されてきました。

材料(4人分)
- 鹿ロース肉……200g
- はちみつ……適量
- 塩……8g(鹿肉の4%)
- 粗挽き黒こしょう……適量
- 桜チップ……15g

作り方
1. 鹿肉に塩と、肉にたっぷりかかる程度のはちみつをすり込む。
2. 肉が見えなくなる程度まで黒こしょうを振り、すり込む。
3. 5時間ほど置いてなじませたら、キッチンペーパーなどで軽く押さえながら水分を拭き取る。
4. 燻製鍋に桜チップを入れて網を敷き、鹿肉を入れて強火にかける。煙が出てきたら弱火にして30分ほど燻《いぶ》す。
5. 火を止めてそのまま冷まし、お好みの厚さにスライスしたら完成。

- 山肉は下処理が大変なイメージがありますが、燻製は筋までやわらかくなるので簡単。はちみつは砂糖でも代用できます。

鮭の粕汁

長野県内でも地域によってお年取りの魚が異なります。鮭の粕汁は小諸や佐久など東信地方に伝わるお年取りの料理で、大晦日《おおみそか》や正月の夜などにいただきます。同地域では鯉をお年取りにいただく家庭もあります。

材料（4人分）

- 新巻鮭（切り身）……4切れ
- 酒粕（板粕）……250g
- 水……1ℓ

作り方

1. 鍋に水を入れて火にかけ、酒粕を加えて煮溶かす。
2. 鮭（あれば頭部分も一緒に）を加え、中～強火にかける。
3. 火が通ったら鮭は器に、粕汁はお椀に盛りつけて完成。

- 粕汁はそのまま飲むほか、ごはんにかけていただきます。汁気がほとんどない「粕煮」のように仕上げる家庭もあります。新巻鮭の塩分に応じて塩加減は調整してください。

豆腐汁

小諸市八満の愛宕《あたご》神社のお祭りなど同地区の行事や人寄せで、鍋いっぱいに作って供されます。この地区独特の料理で、近隣の市町村では見られないそう。具材は豚汁と似ていますが、しょうゆ味と、大きく切った豆腐がポイントです。

材料（５〜６人分）

- 豚こま切れ肉……２５０g
- ちくわ……１本
- にんじん……55g
- 大根……２００g
- ごぼう……50g
- 白菜……３００g
- 長ねぎ……２本
- 豆腐……１丁
- しょうゆ……大さじ６
- 水……１.４ℓ

作り方

1. にんじんと大根はいちょう切りに、ごぼうはささがきに、白菜は２cm幅のざく切りに、ちくわと長ねぎは斜め薄切りにする。豆腐は１cm幅×４cm長さに切る。
2. 鍋に水と豚肉、にんじん、大根、ごぼうを入れて火にかける。ひと煮立ちさせたらちくわと白菜を加え、さらに煮込む。
3. 野菜がやわらかくなったら長ねぎとしょうゆを加える。豆腐を加えて軽く煮込み、豆腐に味が染みたら完成。

- アクがあれば取りますが、それほど気にする必要はありません。お好みでしょうゆの量を調整してください。

煮こじ

小諸・佐久地域に伝わる煮物で祭りや来客のときのおもてなし料理。ケの日はにんじんを入れずに作ります。凍み豆腐は、小諸・佐久地域や諏訪地域など、寒さの厳しい場所を中心に作られてきた、長野県の伝統的な保存食です。

材料(４人分)

- ちくわ……１本
- にんじん……１００g
- 大根……５００g
- じゃがいも……中２個
- こんにゃく……１／２丁
- 凍み豆腐……大２枚
- しょうゆ……大さじ５
- みりん……大さじ５
- 酒……大さじ５
- 砂糖……大さじ５
- 油……大さじ３

作り方

1. 凍み豆腐は湯で戻す。
2. すべての具材を５㎜〜１㎝幅×４㎝長さの拍子木切りにする。
3. フライパンに油を弱〜中火で熱し、にんじん、大根、じゃがいもを炒める。
4. 大根が透き通ったら、ちくわ、こんにゃく、凍み豆腐、酒、みりんを加えて煮立たせる。
5. しょうゆと砂糖を加えてさらに煮込み、味が染みたら完成。

- 時間があれば、一度冷ましてから火を入れると味が染みやすくなります。

白菜の時漬け

長野県は白菜の主要産地でもあります。本漬けや浅漬けなど、漬物で多くいただきますが、趣向を変えてよりたくさん食べられる料理を……と作られるようになったのがこれ。りんごとしその実がさわやかな風味をプラスし、サラダ感覚でいただけます。

材料（4人分）

- 白菜……1／4株
- にんじん……50g
- 赤大根……50g
- りんご……1／2個
- しその実……大さじ2
- 甘酢……40g
- 塩……12g（全体の1.5％）

作り方

1. 白菜の軸は繊維に沿って1.5cm幅×4cm長さの薄切りに、葉はざく切りにする。
2. にんじんと赤大根は3cm幅のせん切りに、りんごはいちょう切りにする。
3. ビニール袋にすべての材料を入れて混ぜ、よくもむ。ビニール袋の空気を抜いて口を縛り、30分ほど置いたら完成。

・しその実は花が少し残る頃に収穫し、そのまま冷凍保存すると冬でも使えて便利です。

小諸市

おなっとう

味噌を仕込む春先、糀《こうじ》が出回る季節に作る発酵食のおやつであり、お茶請け。甘納豆とも呼ばれますが、いわゆる甘納豆とは異なり、濃い甘酒のよう。昔は炊飯器ではなく、新聞紙や布にくるんでこたつで保温して作りました。佐久・小諸地域に伝わる食文化です。

材料(10人分)

- 米……1合
- 米糀……1合
- ささぎ豆の甘煮(59ページ参照)……適量
- ぬるま湯……100mℓ

作り方

1. 米を研ぎ、炊飯器で通常どおり炊く。炊き上がったら内釜ごと取り出し、ほぐして30度になるまで冷ます。
2. 米糀はほぐし、20度のぬるま湯に30分ほど浸しておく。
3. ①に②を加えて混ぜ、炊飯器に戻して保温に設定する。このとき、蓋との間に箸などを挟んで空気が通るようにするとよく発酵する。2時間おきにかき混ぜながら、5時間保温する。
4. 米糀がすべてやわらかくなったら保温を切り、ささぎ豆の甘煮を加えて混ぜ合わせたら完成。

- ささぎ豆の甘煮は市販の甘納豆でも代用できます。工程②の温度が高すぎると途中で発酵しなくなってしまうので注意を。

ささぎ豆の赤飯

冠婚葬祭や入学祝いなど、お祝い事に欠かせない赤飯。手慣れた家ではお祝いだけではなく、日常の食卓にのぼることもしばしばです。ささぎ豆のほか、花豆や小豆、白小豆など、その時々にある豆で作ります。

材料（15人分）

- もち米……1升
- ささぎ豆……150g
- Ⓐ ささぎ豆の煮汁……200mℓ
- Ⓐ 酒……90mℓ
- 砂糖……160〜200g
- 塩……適宜

作り方

1. もち米とささげ豆はそれぞれ洗い、ひと晩水に浸しておく。
2. 鍋にささげ豆とたっぷりの水を入れて火にかけ、ひと煮立ちさせたら一度ゆでこぼす。
3. ささげ豆を鍋に戻し、ひたひたの水（分量外）を加えたら火にかけて落とし蓋をし、沸騰してから20分ほど煮る。
4. 砂糖を2回に分けて加え、2時間ほど煮たら「ささげ豆の甘煮」のできあがり。煮汁とささげ豆を分けておく。
5. もち米はザルにあげて水気を切り、ささげ豆と合わせてざっくり混ぜる。
6. 蒸し器を火にかけ、蒸気が上がったら水で濡らした蒸し布を敷き、⑤を入れて20分ほど蒸す。ボウルに移し、合わせたⒶで打ち水をし、再び蒸し器で20分ほど蒸す。
7. もち米が親指と中指でつぶれる程度まで蒸し上げる。おひつなどに移して軽く混ぜ合わせたら完成。お好みで軽く塩を振る。

・お好みで最後にごま塩を振っても。工程⑥の「打ち水をする」ことを、方言では「しとを打つ」といいます。なるべく均等に「しとを打つ」のがポイントです。

きゅうりの粕もみ

長野県内でも酒蔵が集積し、銘醸地として知られる佐久地域では、酒粕を使った料理が盛んです。きゅうりの粕もみは練り粕が店頭に並び、かつきゅうりが収穫される6〜9月に作られます。おかずに、お茶請けに、重宝する一品です。

材料(4人分)

- きゅうり……2本
- 酒粕……大さじ3
- 砂糖……大さじ1／2
- 塩……少々

作り方

1. きゅうりは板ずりしてから薄切りにする。塩を振ってしばらく置き、しんなりさせる。
2. きゅうりをザルにあげ、強く絞ってよく水気を切る。
3. ボウルに②、酒粕、砂糖を入れて混ぜ合わせたら完成。

- すぐ食べられますが、冷蔵庫で寝かせると味が染み込み、かつよく冷えてさらにおいしくいただけます。

奈良漬け

お茶請けの定番中の定番、奈良漬け。8月から漬けはじめて10月頃から食します。暑い季節に取り出すと粕床《かすどこ》自体が悪くなりやすいので、涼しくなってから取り出します。しま瓜を使うとよりやわらかく仕上がり、2種類並ぶと見た目も賑やかな一品に。

材料(作りやすい分量)

- 白瓜……20本
- 砂糖……3kg
- 酒粕……7kg
- 塩……500g

作り方

1. 白瓜はへたを切り落とし、縦半分に切る。スプーンなどでわたと種を取り除き、きれいに洗う。
2. 白瓜のくぼみに塩を1/3程度入れ、切り口を上にして樽に重ねながら並べる。重しをして一昼夜漬ける。
3. 白瓜を軽く洗い、水分をしっかりと拭き取る。
4. 酒粕と砂糖をよく混ぜ合わせ、樽の底に薄く敷く。
5. 白瓜にも④をよく塗り、切り口を下にして樽に重ね入れる。最後に④を多めに敷き詰め、粕の入っていた袋を開いて上からかぶせ、空気に触れないようにする。1~2カ月漬けたら完成。

- 瓜は、細いものを使うと塩の量が少なくて済むのでおすすめです。ただし、悪くなりやすいので取り出したら冷蔵保存してください。

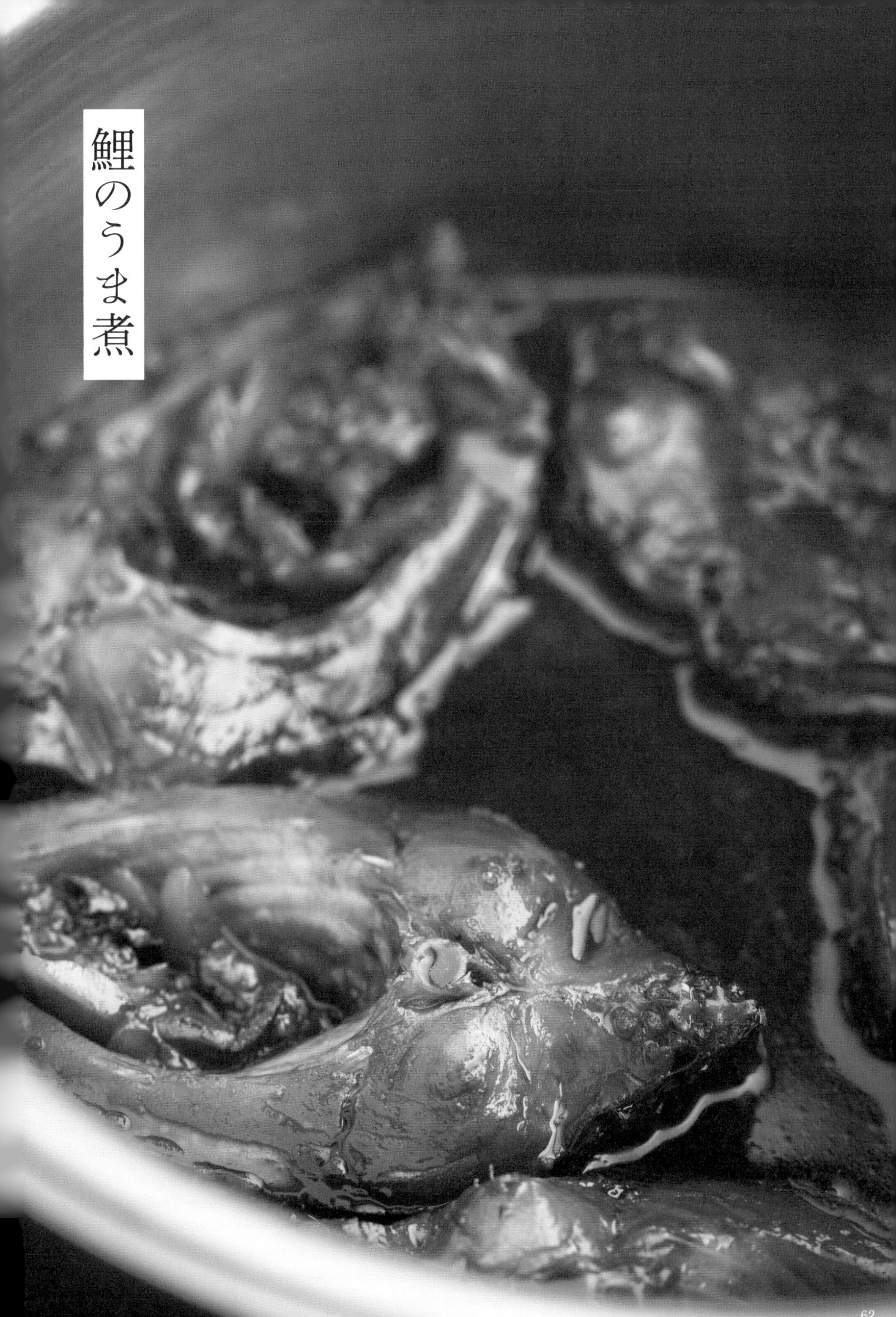
鯉のうま煮

佐久の特産といえば佐久鯉。千曲川の清流で育つ佐久鯉は身が締まり、川魚特有の泥臭さが一切ないのが特徴。お年取りや冠婚葬祭にいただくハレの食です。栄養価が高く、お乳の出がよくなるとも。頭の近くは骨が少ないので子どもに取り分けます。丸ごと煮込む内臓は絶品の酒の肴です。

材料(5人分)

- 鯉(切り身)……5切れ

Ⓐ
しょうゆ……100㎖
酒……200㎖
砂糖……110g
水……600㎖

- みりん……100㎖

作り方

1. 鍋にⒶを入れて火にかけ、ひと煮立ちさせたら筒切りにした鯉の切り身を内臓ごと加える。
2. 強火にし、ひと煮立ちさせたらアクを取り、落とし蓋をして弱火にする。
3. 途中でみりんを加え、2時間ほど煮る。煮上がる前に鯉に煮汁をかけて照りを出したら完成。

- ひと晩置いて冷ますと、より味が染みておいしく仕上がります。焦げやすいので注意。内臓が大きく見える頭側を上にして器に盛りつけます。

3章

南信

南信

諏訪湖周縁と、そこを源とする天竜川流域に南北に広がる地域。諏訪地域の寒さは県内屈指ですが、上伊那、下伊那と下流に行くほど温暖で、南は静岡県や愛知県と接しています。

標高760m前後に位置する諏訪盆地は、雪が少なく冷え込みが厳しい地域です。その気候を生かして日本酒の酒蔵も多く立地しています。寒さを利用して作られる棒寒天の生産量も全国一で、伝統的な赤や緑の天寄せのほか、ポテトサラダを入れる「サラダ寄せ」など、固める具材の多様さに驚きます。信州といえば味噌。特に産地の諏訪では、心太《ところてん》を味噌漬けにしていただきます。凍み豆腐、凍み大根のほか、炊いた米を凍らせる「凍り菓子」なども伝わります。

諏訪湖を中心に半農半漁で栄えてきたのは長野県の中でも珍しく、「わかさぎ」「うなぎ」「川えび」などの漁や養殖が盛んで、市街地には川魚専門店も数多く立ち並びます。江戸時代には、諏訪湖や天竜川の上流で鵜飼《うかい》も営まれていたのだとか。諏訪湖沿岸から少し離れると水田地帯が広がります。枝豆をつぶして甘く味つけし、ごはんにのせていただく「のた餅」は、その豊かさを象徴するような郷土料理です。

諏訪湖から流れ出る天竜川をたどって南下すると、東に南アルプス、西に中央アルプスを望む伊那谷（伊那盆地）が南北に伸びます。中川村までの伊那市・駒ヶ根市を中心に広がる地域が上伊那地域、さらに南の飯田市を中心とする地域が下伊那地域です。

上伊那地域は豊かな稲作地帯が広がりますが、海から遠いこともあって、いなごやざざ虫、蚕《かいこ》のさなぎ、蜂の子といった昆虫食が県下でもよく根づいています。農耕馬として飼育された馬も、特に戦後は食用として「馬刺し」や、もつ煮の「おたぐり」で親しまれてきました。「高遠《たかとお》そば」のように、大根のおろし汁に味噌を溶いてそばをつけていただく文化も伊那市周辺で見られます。

下伊那地域の飯田市の周辺は、市田柿の産地です。柚子が採れるのも温暖なこの地域ならでは。天龍村では「ゆべし」にしていただきます。飯田市南信濃の下栗芋（二度芋）、天龍村、喬木《たかぎ》村、豊丘村などのこんにゃく芋など、丘陵地《きゅうりょうち》を生かした食材も栽培されています。狩猟文化が色濃く、鹿や猪、熊、うさぎ、キジといった肉料理も身近です。明治以降は飯田市で焼肉店が急増。その数は全国屈指。京都で見られる鯖の馴《な》れ鮨「鯖鮨」が飯田市伊豆木《いずき》地区のみに見られるのも興味深いことです。貴重な塩鯖は、かつては伊那街道（三州街道）を通って京都から運ばれたといわれています。

伊那全域に伝わるのが、ごはんを半殺しにして丸め、竹串に刺して焼く「御幣餅《ごへいもち》（五平餅）」。もてなしの食として根づいてきたもので、上伊那では平たくつぶした団子2つを刺す団子御幣形や草履《ぞうり》のような板御幣形、下伊那では団子御幣形、木曽谷では団子3つを丸いまま刺した団子形が見られます。隣接する静岡県、岐阜県、愛知県、富山県でも食されるなど、三遠南信《さんえんなんしん》の文化交流がここに見てとれます。

わかさぎのかまくら漬け

諏訪湖では川魚漁が盛んで、古くは半農半漁の暮らしが日常でした。そのひとつがわかさぎ採卵。地元住民は卵を採ったあとのわかさぎを食すのが日常だったそう。開いて天日干しにして保存することも。このかまくら漬けはもてなし料理のひとつです。

材料（4人分）

- わかさぎ……200g
- にんじん……1／2本
- 長ねぎ……1本
- 片栗粉……適量
- 塩……適量
- 揚げ油……適量

Ⓐ

しょうゆ……30mℓ
酒……40mℓ
みりん……20mℓ
酢……30mℓ
砂糖……50g

作り方

1. わかさぎに塩をまぶし、水で洗い流してごみを取り除く。水気を切ったら、片栗粉をまぶす。にんじんと長ねぎは5mm～1cm幅×5cm長さに切る。
2. 鍋にⒶを入れて火にかけ、砂糖を煮溶かす。
3. 160～170度に熱した揚げ油でわかさぎをじっくり揚げたら取り出す。油の温度を180度に上げ、さらに30秒ほど二度揚げをする。
4. 漬け込み用の容器ににんじん、長ねぎ、わかさぎを交互に入れ、ひと煮立ちさせた②をかけ回す。
5. ラップをした上から重しをし、ひと晩冷蔵庫に入れて味を染み込ませたら完成。

- 重しはお皿などの軽いもので十分。漬け込んだあとも、調味液を鍋に戻して火にかけ、再び回しかければより味が染み込みます。

寒天の味噌漬け

棒寒天は諏訪地域が全国一の生産量を誇る、冬の特産。その棒寒天になる前の、いわゆる心太「生天」を、同じく諏訪特産の味噌に漬け込みます。生天が出回るのは1～2月だけなので、保存して長く食すために考えられたといわれています。

材料（4人分）

・生天……1本

Ⓐ
味噌……250g
酒……大さじ3
みりん……大さじ2
砂糖……大さじ2

作り方

1. ボウルにⒶの材料を入れてよく混ぜ合わせる。
2. 生天にまんべんなく①を塗り、ビニール袋などに入れて4日ほど漬ける。
3. 味噌を拭き取り、薄く切って器に盛ったら完成。

・味噌の塩気によって引き上げるタイミングを調整します。切る厚さはお好みで。

のた餅

田んぼの畔《あぜ》塗りをしたら、大人が畔に指で穴を空け、子どもが大豆を蒔くのが春の仕事。収穫した大豆のほとんどは味噌の仕込みに使いますが、8月のお盆の頃に「枝豆」として収穫した分で作る「のた餅」は、人寄せのごちそう「おごっつぉう」です。

材料（5人分）

- うるち米……90g
- もち米……360g
- 枝豆（さやつき）……600g
- 砂糖……40g
- 塩……少々
- 水……600mℓ

作り方

1. うるち米ともち米を合わせて研ぎ、水を加えて炊く。炊き上がったら半殺しにしておく。
2. 枝豆をたっぷりの湯でゆでたらさやから出し、すり鉢に入れる。少量の水（分量外）を加え、すりこぎでやや豆の食感が残る程度に粗くつぶす。
3. ②に砂糖と塩を加えて混ぜ合わせたら、「のた」の完成。
4. 茶碗にお好みの量の「のた」を入れ、その上に①をのせる。さらにその上に「のた」をたっぷりとのせたら完成。

- ごはんの下に「のた」を入れるのは、米粒が茶碗につかないようにする昔ながらの工夫です。同じ諏訪地域でも、茅野市以北では枝豆の「青のた」を、原村や富士見町ではえごまののた餅を作ります。

凍み豆腐のあべかわ

雪は少ないものの冷え込みが厳しい諏訪地域では、凍み豆腐作りが盛んです。煮物など、おかずに使われることが多い凍み豆腐ですが、おやつとしても重宝する保存食。むちっとした食感がクセになります。

材料(4人分)

- 凍み豆腐……4枚
- 片栗粉……適量
- Ⓐ きな粉……100g
  - 砂糖……50~80g
  - 塩……小さじ1
- 揚げ油……適量

作り方

1. 凍み豆腐をぬるま湯に1時間ほど浸して戻し、やわらかくする。
2. ①の水気を絞ってサイコロ状に切ったらビニール袋に入れ、片栗粉を加えてまぶす。
3. 170度に熱した揚げ油で②をカリッとするまで揚げる。
4. ボウルにⒶの材料を入れて混ぜ合わせ、揚げたての③にたっぷり絡めたら完成。

- 味つけは、きなこ以外に、お好みであんこやえごまをまぶしてもおいしいです。

マルメロの砂糖漬け

諏訪地域ではマルメロのことを「かりん」と呼ぶ人もいますが、別の品種です。マルメロの砂糖漬けはそのままお茶請けとしていただくほか、おこわに混ぜたり、シロップを薄焼きに混ぜたり、水で割って飲んだり……と、利用方法はさまざまです。

材料（4人家族の1年分）

- マルメロ……2kg
- 砂糖……1〜1.2kg
- 塩……大さじ2

作り方

1. ボウルに砂糖と塩を入れて混ぜ合わせておく。
2. マルメロのまわりの保護毛をきれいに拭き取ってから、皮ごと四つ割りにして芯を取り除き、薄いいちょう切りにする。
3. マルメロを切った端から①に加えて混ぜ合わせる。
4. 保存瓶に入れ、マルメロの上に皿をのせて蓋にする。水の入ったビニール袋をのせて重しにし、1〜2カ月ほど漬け込んだら完成。

- 夏になって泡が出たらシロップだけ鍋に移して火を通し、マルメロに回しかけて再び漬け込めば、その後もおいしくいただけます。

原山煮

御射山社《みさやましゃ》、通称「原山さま」で行われる御射山社祭は、五穀豊穣《ごこくほうじょう》を祈る諏訪上社の神事「御狩《みかり》の祭事」です。子どもの健康を祈願《きがん》して2歳の子が川にうなぎ（現在はどじょう）を流す行事も行われるなど、賑やかな祭りにいただくのが原山煮。体温を下げる野菜を使った夏の行事食です。

材料（4人分）

- 鯖缶（水煮）……1缶
- 夕顔……200g
- なす……大1個
- みょうが……適量
- Ⓐ かつお節……ひとつかみ／しょうゆ……大さじ2／砂糖……大さじ2／3
- だし汁……400mℓ

作り方

1. 夕顔は縦8等分に切って1cm幅に、なすは縦半分に切って1cm幅の斜め切りに、みょうがは縦半分に切る。
2. 鍋にだし汁、①、鯖缶を入れ、火にかけて煮る。
3. 野菜に火が通ったら合わせたⒶを加え、具材に味が染みたら完成。

- 夕顔はやわらかく、煮崩れしやすいので火の通しすぎには注意してください。

干し大根の煮物

原村

干し大根は凍み大根のことです。大根を1～2cm幅の輪切りにして紐《ひも》に通して軒下に吊るしたり、あるいはザルに広げて1カ月ほどかけて乾燥させます。こうして干した大根を煮ると、コリッとした歯応えになるのが特徴です。

材料（4人分）

・さつま揚げ……1枚
・ちくわ……1本
・油揚げ……1枚
・干し大根……20g
・にんじん……中1本
・だし汁……400mℓ
（うち1／3量は大根の戻し汁）
・しょうゆ……大さじ2
・砂糖……大さじ1弱

作り方

1. 干し大根はぬるま湯に浸して戻す。
2. さつま揚げはそぎ切りに、ちくわは斜め切りに、油揚げは三角に切る。にんじんは薄い輪切りにする。
3. 鍋にだし汁、①の干し大根、②のにんじんを入れて火にかけ、やわらかくなるまで煮たら、さつま揚げ、ちくわ、油揚げを加えてさらに煮る。
4. 具材がなじんだらしょうゆと砂糖を加え、さらに煮る。味が染みたら器に盛りつけて完成。

・練り物はお好みのものを使ってもおいしくいただけます。練り物の味が野菜に染み込む逸品に。

サラダ寄せ

刻んだ豆腐を入れた赤い天寄せは慶事《けいじ》に、そうめんを入れた緑の天寄せは弔事《ちょうじ》に、と行事ごとに定番の天寄せがありますが、サラダ寄せは日常の天寄せの定番のひとつ。棒寒天は寒天の中でもかために仕上がるのが特徴ですが、サラダ寄せはかたすぎずやわらかすぎず絶妙な食感です。

材料（4人分）

- じゃがいも……300g
- にんじん……30g
- きゅうり……1／2本
- ゆで卵（かため）……1個
- カニかまぼこ（市販）……2本
- 棒寒天……1本
- Ⓐ
  - マヨネーズ……大さじ1
  - 砂糖……大さじ1
  - 塩……小さじ1
- 水……400㎖

作り方

1. 棒寒天はひと晩、水（分量外）に浸して戻す。やわらかくなったらよく絞り、水と一緒に鍋に入れ、弱火にかけて煮溶かす。
2. じゃがいもは皮をむいてたっぷりの水からゆで、やわらかくなったら湯を切り、つぶす。にんじんはせん切りにしてさっとゆでる。きゅうりはせん切りにして塩少々（分量外）でもむ。ゆで卵は細かく刻み、カニかまぼこはほぐす。
3. ボウルに②とⒶを入れて混ぜ合わせ、やや冷めた①を加えてよく混ぜる。
4. 型に③を流し込み、冷蔵庫で冷やし固める。
5. 固まったら切り分け、器に盛りつけたら完成。

- 具は、ほうれん草やブロッコリーなどもおすすめ。野菜の切り方でも仕上がりが変わります。ほかにも「牛乳かん」や卵白を固めた「淡雪かん」など、棒寒天はさまざまに利用できます。

原村

セルリー味噌

原村はセルリー（セロリ）の一大産地。佃煮、漬物、パウンドケーキまでさまざまな料理に使われますが、セルリー農家のおすすめがこの料理。セルリーの独特の香りがあって、ごはんのお供のほか、豆腐に添えたり、野菜と一緒に食べてもおいしいです。

材料（作りやすい分量）

- セルリー（葉）……70g
- 米糀……100g
- しょうゆ……150㎖
- 砂糖……70g

作り方

1. ボウルに米糀としょうゆを入れて混ぜ、半日〜1日ほど置いてなじませる。
2. セルリーの葉をみじん切りにして別のボウルに入れ、砂糖を加えて混ぜ合わせる。
3. 鍋に①と②を入れて火にかけ、練り上げる。
4. 木べらなどで混ぜたときに、筋がついて鍋底が見えるようになるまでしっかり練ったら完成。

- しっかりと火を通せば1〜2年は十分に保存が可能。熟成してよりおいしくなります。

見た目は揚げる前のおこげのようですが、真冬の昼に乾かし夜は凍らせることを繰り返してできあがる保存食です。農作業の合間に食べたり、おやつにしたりと食されてきました。ひなたの香りがする懐かしい味わいです。半凍りの状態で食べるともっちりとした味わいが楽しめます。

材料(作りやすい分量)

- 余ったごはん：米粉……1：1
- 砂糖……適量
- 塩……少々

作り方

1. 鍋にごはん、米粉、少量の水(分量外)を加えておかゆ状にし、砂糖と塩も加えて煮溶かす。
2. 冷ましてから棒状に伸ばし、夜、屋外に出して凍らせる。その晩のうちに包丁で切れる程度に固まったら引き上げる。
3. 1cm幅に切ってザルに広げ、再び夜のうちに屋外に出して干す。水分が完全に抜けるまで干したら完成。

- 棒状に伸ばす際は500円玉サイズが目安。マイナス15度まで冷え込む日が続くと、おいしく仕上がります。梅酢やスキムミルクを入れる家庭もありますが、カビが生える心配があるので、その場合は冷蔵庫や冷凍庫で保存してください。

凍り菓子

たたきごぼう

家庭料理の定番のひとつともいえるたたきごぼう。甘じょっぱい味つけで、ごはんのお供に、おやつに、お茶請けに、酒の肴に……と万能な逸品です。

材料（4人分）

- ごぼう……大1本
- 白炒りごま……適量
- 片栗粉……大さじ3

Ⓐ
しょうゆ……大さじ2
みりん……大さじ1
砂糖……大さじ2

- 揚げ油……適量

作り方

1. ごぼうは洗って皮をこそげ、4～5㎝長さに切ってから5㎜幅の薄切りにする。水にさらしてアクを抜いておく。
2. 鍋にたっぷりの湯を沸かしてごぼうをゆでる。やわらかくなったら取り出して水気を切り、すりこぎなどで叩いて平らにする。さらに水気をよく拭き取る。
3. ②に片栗粉をまぶし、170度に熱した揚げ油でカリッと揚げる。
4. 鍋にⒶの材料を入れて火にかけ、砂糖が溶けたら③を加えて絡める。白ごまを振ったら完成。

- カリッとした食感をより楽しみたいのであれば、なるべく薄く切ってアクを抜き、よく水気を拭き取ってから片栗粉をまぶすのがポイントです。

馬刺し

伊那谷で刺身といえば、馬肉や鯉のあらいが一般的でした。古くから農耕馬としての馬とともに暮らしてきた地域で、働けなくなった馬は、山間の貴重なタンパク源として重宝されてきたのです。サシが入ったものではなく、赤身の馬刺しが好まれます。

材料（4人分）

- 馬肉……適量
- しょうが……適量
- しょうゆ……適量

作り方

1. 馬肉は薄切りにする。しょうがはすりおろす。
2. 器に馬肉を盛り、しょうがを添えたら完成。しょうがを溶いたしょうゆにつけていただく。

- 薬味はしょうがのほか、わさびやにんにくなどをお好みで添えます。馬刺しは精肉店でスライスしてあるものを購入してくるのが一般的です。

おたぐり

「おたぐり」とはいわゆる「もつ煮」のことです。もつ煮は牛や豚が一般的ですが、伊那地域で使うのは馬。ごはんのお供としてもおいしいですが、特にお酒のある場所には欠かせない一品。高タンパク、低カロリーの馬肉は現代でも注目の食材で、近年では高価な食材となっています。

材料（作りやすい分量）

- 馬もつ……1kg
- 長ねぎ……適宜
- しょうが……適量
- 赤唐辛子……少々
- 七味唐辛子……適宜
- 味噌……130g
- 酒……100mℓ
- 砂糖……大さじ2

作り方

1. 馬もつを沸騰した湯でゆでこぼし、しっかりと洗って臭みを取る。
2. 鍋に①、浸る程度の水（分量外）、しょうが、赤唐辛子、味噌、酒、砂糖を入れ、火にかけて煮込む。
3. 煮汁が1／3程度になるまで煮詰めたら完成。お好みで長ねぎの小口切りを散らし、七味唐辛子を振る。

- 馬もつは伊那地域の精肉店で販売されています。現在は下ゆでされているものがほとんどですが、脂が多く残っている場合は複数回、ゆでこぼすことで臭みが取れます。

五平餅 山椒味噌だれ

人寄せや冠婚葬祭で食される五平餅（御幣餅）。田植えが終わると、かまどでごはんを炊き、親戚や近所の人が集まって作ったそう。ちょうど山椒の葉が茂る頃。香り高いたれとともに楽しみました。稲刈り後の収穫祭は「秋じまい」ともいわれ、たくさんのごちそうとともに食卓を賑わし、子どもたちの楽しみの日でもありました。

材料(60本分)

- 米……2升

Ⓐ
むきくるみ……70g
山椒の葉(冷凍)……30g
白炒りごま……10g

Ⓑ
しょうゆ……大さじ1
味噌……150g
酒……50mℓ
砂糖……150g
水……50mℓ

作り方

1. 米を研ぎ、通常より少しかために炊く。
2. すり鉢にⒶを入れてすりこぎですり、Ⓑの調味料をそれぞれ少しずつ加えながら混ぜ合わせ、たれを作る。
3. ごはんが炊けたらボウルに移し、熱いうちにすりこぎなどで半殺しにする。
4. 平たい団子形に整えたら2個ずつ竹串に刺し、炭火で軽く焦げ目がつくまで焼く。
5. ②のたれを④の両面につけ、焦げる手前までさらにあぶったら完成。

- フライパンやホットプレートで焼く家庭も増えています。調味料や水の量はたれの状態を見ながらお好みで調整を。焼く際、たれをつけたあとは焦げやすいので注意してください。

蜂の子の甘辛煮

伊那谷に伝わる「すがれ追い」は、細い糸をつけた地蜂（クロスズメバチ）に餌を持ち帰らせ、そのあとを追って地中の巣を探すという伝統的な蜂の巣の捕獲方法です。初夏に行い、収穫したソフトボール大の蜂の巣は、家に持ち帰って木箱などで10月頃まで飼育します。10月頃にすがれ追いをした場合は、大きくなった巣を持ち帰り、そのまま調理します。

材料（作りやすい分量）

- 蜂の子……適量
- しょうゆ：酒：砂糖……1：1：1

作り方

1. 鍋に蜂の子を入れ、調味料を浸る程度に加えて火にかける。
2. 煮汁がなくなるまで煮詰めたら完成。

- 蜂の子は秋のごちそう。そのまま酒の肴にしたり、混ぜごはんにしたりして食します。親蜂の場合はフライパンで空煎りして羽を焼き、蜂の子と同様に味つけします。

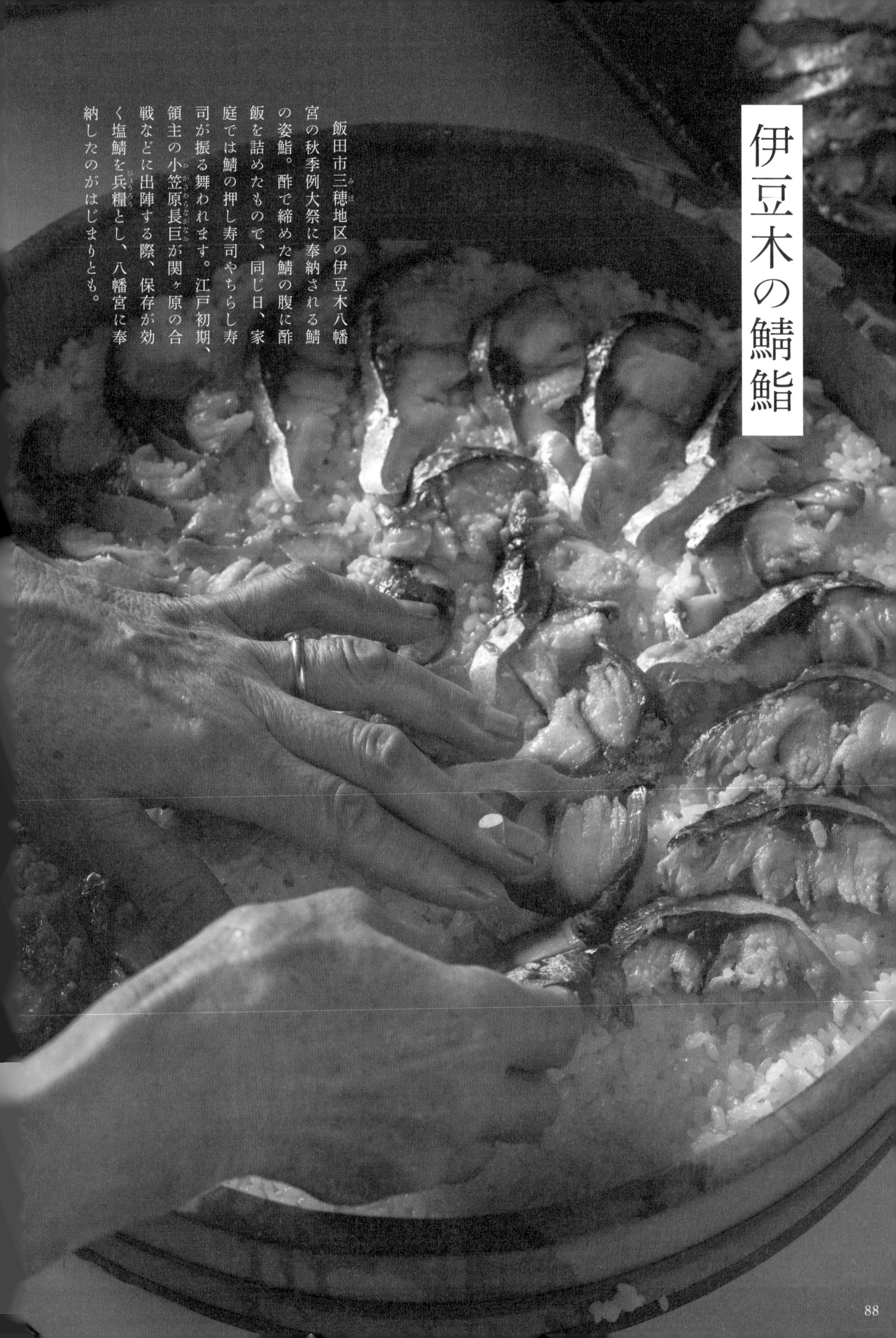

伊豆木の鯖鮨

飯田市三穂《みほ》地区の伊豆木八幡宮の秋季例大祭に奉納される鯖の姿鮨。酢で締めた鯖の腹に酢飯を詰めたもので、同じ日、家庭では鯖の押し寿司やちらし寿司が振る舞われます。江戸初期、領主の小笠原《おがさわら》長巨《ながなお》が関ヶ原の合戦などに出陣する際、保存が効く塩鯖を兵糧《ひょうろう》とし、八幡宮に奉納したのがはじまりとも。

材料（10人分）

- 米……1升
- 塩鯖……2尾
- みょうがの酢漬け……適宜

Ⓐ
酢……300〜400㎖
砂糖……200㎖

Ⓑ
酢……200㎖
砂糖……1カップ
塩……大さじ1

作り方

1. 塩鯖は三枚に下ろして皮をむき、エラや小骨を取り除く。
2. ①を1.5cm幅のそぎ切りにし、合わせたⒶに1日浸ける。
3. 米を研ぎ、通常どおり炊く。Ⓑは合わせておく。
4. ごはんが炊き上がったら、うちわであおぎながらⒷを回しかけて酢飯を作る。
5. 桶に④の酢飯をよく押しながら詰め、その上に②の鯖を並べる。さらにごはんを押し詰め、再び鯖を並べて2段にする。
6. ⑤を切り分け、器に盛りつけたら完成。お好みで縦4つに切ったみょうがの酢漬けを添える。

- 工程⑤では丸い桶で作りましたが、箱型などでもよいです。押し寿司にせず、酢飯に混ぜてちらし寿司にしていただく家庭も増えています。

凍み豆腐の卵とじ

飯田特産物のひとつである凍み豆腐。畑の肉といわれる大豆を原料に、その成分を凝縮して作るので、栄養価は満点。さらに野菜もたっぷりと使った卵とじは、飯田地域に伝わる凍み豆腐料理のひとつです。

材料(5人分)

- 凍み豆腐……4枚
- にんじん……100g
- いんげん……50g
- 卵……2個
- だし汁……400mℓ
- しょうゆ……小さじ1/2
- 砂糖……大さじ4
- 塩……小さじ1

作り方

1. 凍み豆腐は水で戻し、ぎゅっと水気を絞ってから1cm幅×3cm長さに切る。
2. にんじんは5mm幅の斜め切りに、いんげんはへたを落として適当な長さに切る。
3. 鍋にだし汁とにんじんを入れて火にかけ、やわらかくなるまで煮る。
4. ③に凍み豆腐、しょうゆ、砂糖、塩を加え、さらに煮る。
5. 味がなじんだらいんげんを加え、火が通ったら軽く溶いた卵を回し入れ、卵とじにする。
6. すぐに火を止め、器に盛りつけたら完成。

- いんげんは季節の青菜で代用可能です。工程⑤の卵の火の入れ具合はお好みで調整してください。

きゅうりと塩イカの粕もみ

海なし県の長野県では、海産物は塩漬けにされ、「塩の道」と呼ばれる街道を通って運ばれました。塩イカもそのひとつ。ゆでイカの腹に塩を詰めたもので非常に塩辛く、食べるときには十分な塩抜きが必要です。流通がよくなった今でも愛される食材で、粕もみのほか酢の物でもいただきます。

材料（5人分）

- 塩イカ……1杯
- きゅうり……3本
- 酒粕……大さじ6
- 砂糖……大さじ2

作り方

1. 塩イカはよく洗い、半日ほど水に浸して塩抜きする。きゅうりは板ずりをしてから5㎜幅の輪切りにし、薄めの塩水（分量外）に浸けてしんなりさせる。
2. 塩イカを薄い輪切りにし、さらに半分に切る。
3. きゅうりの水気をよく絞り、②と合わせる。
4. ボウルに酒粕と砂糖を入れてよく混ぜ、③を加えて和えたら完成。

- 塩イカは、少し塩分が残る程度に塩抜きした方が酒粕とよく合います。お好みで、塩イカの吸盤や薄皮を取ると舌触りがよくなり、お年寄りも食べやすくなります。酒粕は小袋入りが便利です。

五平餅 くるみ味噌だれ

ハレの食として今でも親しまれる五平餅。収穫祭やお祭りをはじめ、人寄せの際には必ず作られるごちそうです。かつては竹を輪切りにし、そこにごはんをぎゅっと詰めて形を整えました。専用の焼き台がなくても、U字溝を使えば竹串が焦げないちょうどよい焼き台になるそうです。

材料(20本分)

- 米……1升
- むきくるみ……15g
- 白すりごま……10g
- 味噌……60g
- 砂糖……80g
- 緑茶……少々

作り方

1. 米を研ぎ、通常より少しかために炊く。
2. くるみだれを作る。熱したフライパンにくるみを入れて弱火にかけ、焦げる手前まで空煎りする。熱いうちにすり鉢に移し、白ごまも加えてすりこぎでする。
3. くるみから油が出てきたら緑茶を入れ、白くなるまでよく混ぜ合わせたら、味噌と砂糖を加えてよく練る。
4. ごはんが炊けたらボウルに移し、熱いうちにすりこぎなどで半殺しにする。
5. 平たい団子形に整えたら2個ずつ竹串に刺し、炭火で軽く焦げ目がつくまで焼く。
6. ③のたれを⑤の両面につけ、焦げる手前までさらにあぶったら完成。

- 団子が冷めてから竹串に刺すと型崩れしません。たれは団子と同程度のかたさが目安、かたい場合は緑茶で調整します。フライパンやホットプレートで焼く家庭も増え、味噌をつけてから焼かない場合も多いです。

干し柿のヨーグルト和え

上質な干し柿として知られる「市田柿」は、飯田市や下伊那郡など、南信州地域で500年以上前から作り続けられてきました。子どもでも食べやすいようにと、近年考えられたのがヨーグルト和え。鮮やかな橙《だいだい》色と砂糖いらずの甘味は、名産・市田柿ならではです。

材料（5人分）

- 干し柿……5個
- りんご……100g
- キウイフルーツ……1個
- みかん缶……1缶
- プレーンヨーグルト……300～400g

作り方

1. ヨーグルトは布巾やキッチンペーパーなどで水気を切っておく。
2. 干し柿はへたと種を取り、ひと口大に切る。みかん缶は汁気を切る。
3. りんごは洗って6等分に切り、薄いいちょう切りにしたら、変色しないように薄めの塩水（分量外）に浸す。キウイフルーツも同じ大きさのいちょう切りにする。
4. ボウルに①のヨーグルトを入れ、②③のフルーツを加えて和えたら器に盛る。

- 果物はその季節にあるもので自由に組み合わせてください。

柚餅子《ゆべし》

長野県の最南に位置する天龍村は、柚子が収穫できるほどの温暖な地域です。柚餅子は村内の坂部地区に定着した平家の武士が作り、携行食としたのがはじまり。霜が降りる前に柚子を収穫し、完成したらひとつずつ冷凍保存して、年間通していただきます。

材料（作りやすい分量）

- 柚子……適量
- むきくるみ……適量
- 味噌：砂糖……5：4

作り方

1. ボウルに砕いたくるみ、味噌、砂糖を入れて混ぜ合わせる。
2. 柚子のへたを横に切り落として中身をくりぬき、①を7分目まで詰め、切り取ったへたを蓋にしてかぶせる。
3. 湯気の上がった蒸し器に②を入れて2時間ほど蒸す。中身があふれてきたら柚子の中に戻して詰める。
4. 風通しのいい場所に蒸し上がった③を並べ、時々もみながら表面がかたくなるまで2～3ヵ月乾燥させる。ほどよくかたくなったら食べ頃。薄く切り分けていただく。

- ごはんのお供や、酒のつまみにいただきます。柚子の香り高い上品な保存食です。家庭によっては小麦粉や白炒りごま、はちみつを入れる場合もあります。柚子の皮は砂糖菓子にしても美味。

栃《とち》がゆ

どんぐりと栗の中間のような見た目の栃の実の粉を、おかゆに入れていただきます。ほんのりとした苦味がクセになる味わいです。天龍村では栃の実を盛んに使い、餅のほか、「栃の粉」を練り込んだ乾そばも名産品です。

材料（2人分）

・米……150g
・栃の粉……小さじ1
・梅漬け……適宜
・塩……適量
・水……600mℓ

作り方

1. 土鍋に洗った米と水を入れ、強火にかける。
2. 沸騰したら栃の粉を加えて弱火にし、30分ほど炊く。
3. 塩を振って味つけをし、茶碗に盛りつけたら完成。お好みで梅漬けを添える。

・皮をむいた栃の実を、灰を溶かした水に1週間浸けてアク抜きをし、乾燥させてから砕いたものが「栃の粉」です。

大汁

大晦日に、大きな鍋いっぱいに大汁を作ってお年取りにいただき、元日の朝は餅を入れて雑煮にします。家庭によって味つけはさまざま。縁起をかついで具材の数は7。奇数がよいといわれています。

材料（6人分）

- ちくわ……2本
- 里いも……中6個
- 大根……1／2本
- にんじん……1本
- ごぼう……1本
- こんにゃく……1／2丁
- 焼き豆腐……1丁

Ⓐ
干ししいたけ……6枚
昆布……3枚（10cm×10cm）
煮干し……10本
かつお節（厚削り）……ひとつかみ
水……1.8ℓ

Ⓑ
切り昆布……適量
しょうゆ……大さじ3
みりん……大さじ1
砂糖……少々

作り方

1. ボウルにⒶを入れて合わせ、ひと晩置いてだしを取る。
2. 里いもはもんでから皮をむき、たっぷりの湯でさっとゆでる。大きければ半分に切る。
3. 大根、にんじん、ごぼうはよく洗い、皮ごと厚めのささがきにする。こんにゃくも同様の形に切る。
4. ちくわは斜め切りに、焼き豆腐は1cm幅×4cm長さに切る。
5. 鍋に①を入れて火にかけ、ふつふつとしてきたら②③④を加える。沸騰したら弱～中火にし、アクを取りながら煮る。
6. 具材がやわらかくなったらⒷを加え、ひと煮立ちさせたら完成。

・工程②で里いもをゆでる際、さつまいものスライスを数枚入れて一緒にゆでると、泡が立ちにくくなります。

こんにゃくのくるみ和え

天龍村のほか下伊那地域でも、傾斜地が多くて水はけがよい場所はこんにゃく芋の産地で、手作りこんにゃくを使った料理は冠婚葬祭などには欠かせないものでした。地域によっては豆腐を入れるところもあります。

材料（6人分）

・こんにゃく……3丁

Ⓐ
- だし汁……適量
- 酒……少々
- みりん……大さじ2
- 砂糖……大さじ3
- 塩……少々

Ⓑ
- むきくるみ……300g
- 砂糖……大さじ2
- 塩……小さじ1
- 緑茶……少々

作り方

1. こんにゃくを1cm幅×3cm長さの短冊切りにし、さっとゆでる。
2. 鍋に①とⒶを入れて火にかけ、煮含めてこんにゃくに下味をつける。
3. 汁気がなくなるまで煮たら火を止め、冷まして味を染み込ませる。
4. すり鉢にⒷの材料を入れ、すりこぎでする（緑茶は冷ましたものをほんの少し加えて伸ばす）。
5. ③のこんにゃくを④で和えたら完成。

・だし汁の量は、こんにゃくが浸る程度が目安です。緑茶を入れるのはくるみの白色を引き出すためといわれています。

豚肉の梅肉煮

天龍村は梅の産地。6月ともなると各家庭で梅干し、甘酢漬け、塩漬け、洋酒漬けなど、さまざまな梅仕事で大忙し。梅漬けをはじめとした保存食をたっぷり作るので、専用の冷蔵庫が別にあるという家庭も、珍しくありません。

材料(4人分)

- 豚肩ロース肉(ブロック)……350g

Ⓐ
大根……1/3本
玉ねぎ……中1個
しょうが……1片
りんご……1/4個
梅干し……18個

Ⓑ
にんにく……1片
しょうゆ……少々
酒……大さじ2
みりん……大さじ1
砂糖……少々

- 柚子の皮……適宜
- 小麦粉……適量
- 油……適量

作り方

1. Ⓐの梅干しは種を取り除いて包丁で叩く。大根、玉ねぎ、しょうが、りんごはすりおろす。ボウルにⒶの材料を入れ、混ぜ合わせてひと晩置く。
2. Ⓑのにんにくはみじん切りにする。別のボウルにⒷの材料を入れて合わせる。
3. 豚肉を4cm角に切り、沸騰した湯で2回ゆでこぼす。
4. ③に小麦粉を薄くまぶし、油を熱したフライパンで焼く。焦げ目がついたら弱火にし、②を加えて煮詰める。
5. ①のたれに④を2日間ほど浸けたら完成。器に盛り、お好みで柚子の皮の薄切りを散らす。

- Ⓐの梅干しは、塩、砂糖、酢で漬けたぽたぽた漬けの梅干しを使います。

4章 中信

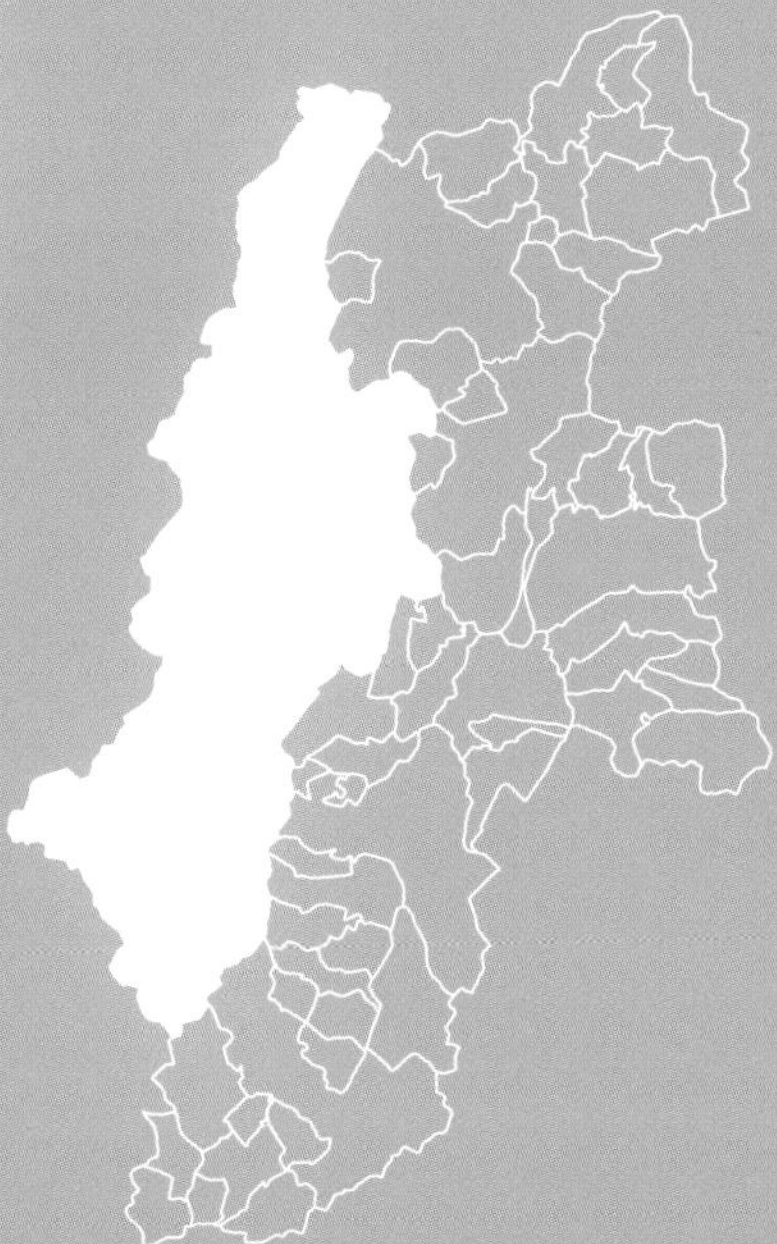

中信

長野県西部に位置し、北は白馬・安曇野などの北アルプス山麓、中央は松本市街地が広がり、南は宿場で知られ山間の狭い谷地域を中心とする木曽谷と、南北に長いエリアです。

富山県と新潟県に接し、中信の最北部に位置する豪雪地帯の小谷《おたり》村、白馬村、大町市。新潟県糸魚川から千国《ちくに》街道を経て塩や海産物が運ばれてきました。奥信濃同様、海藻を使った「えご」が作られるなど、日本海側と県境を接する地域ならではの料理が息づきます。農産物を長期にわたり保存する知恵はこの地域にも伝わっていて、こしょう（青唐辛子）を使って季節の野菜を漬け込む「こしょう漬け」や、塩蔵した夏野菜を秋冬になって塩抜きし、再び味つけして漬ける「塩蔵野菜の漬物」などは最たるものです。「栃餅」や「凍り餅」など、長期保存できる餅も重宝されてきました。

最北部に続くのが松本盆地です。その北部に広がる安曇野は穂高神社の鎮座《ちんざ》する地。家蚕《かさん》のほか広葉樹林を利用した天蚕《てんさん》が盛んに行われ、現在は水田とりんご畑が広がります。常念岳をはじめ北アルプスからの湧水で育むわさびの生産量は全国一で、粕で漬けた「わさび漬け」のほか、葉のお浸しを混ぜ込む「うぐいすごはん」、「わさびの花のお浸し」など、余すことなく食べられています。清流を利用したニジマスなどの川魚の養殖も盛んです。

松本盆地の中心・松本市は、北国西街道、千国街道など主要な街道が集まり、物資や交流の拠点として栄えてきた県下屈指の文化都市。現在も豊かな食文化はもとより、工芸や演劇などが日常に溶け込む地域です。北アルプスと向かい合う美ヶ原高原の伏流水《ふくりゅうすい》が地上に現れる場所で、市街地とは思えないほど美しい水が各所に湧くのも特徴。周辺は農耕地帯で、米や小麦の栽培が盛んです。うどんにあんなどを和える「七夕ほうとう」や「からし稲荷」など、地域特有の行事食も大切に受け継がれてきました。松本市奈川や木曽地域には、とうじかごにそばを入れ、温かい汁に入れていただく「とうじそば」も伝わります。

松本盆地の南、奈良井川流域は一転、河岸段丘《かがんだんきゅう》を利用した畑作地帯。塩尻市では火山灰土を生かして古くから果樹栽培が盛んで、明治以降は長野県随一のワイン産地になりました。山形村の長いも、朝日村のレタスなどの高原野菜、松本市波田《はた》のすいかなども名産です。松本市の北に接する筑北盆地は山間に小さな村が並び、おやきやうどんなど粉食文化のほか、狭いながらも水田耕作も行える豊かな地域です。

中信の最南・木曽谷は、中央アルプスと御嶽山《おんたけさん》を中心とした山麓地域に挟まれ、細長い谷間に集落が連なります。日照時間が短く冬の冷え込みが厳しい地域ですが、決して閉鎖的でなく、岐阜県へ通じる中山道・木曽路の宿場町として賑わい、木曽五木の流通でも栄えてきました。そんな気候風土だからこそ、息づく食文化の豊かさ、多様さは県下随一。赤かぶの葉を乳酸発酵させる「すんき漬け」、川魚の馴れ鮨「万年鮨」、木地師《きじし》らが好んだ山菜の「イタドリ」、冠婚葬祭に供される「池盛り」、野菜を煮込んだ「大平《おおびら》」、保存性の高い「朴葉《ほおば》巻き」など、枚挙《まいきょ》にいとまがありません。

そば

かつては「そばが打てなければ嫁にいけない」といわれた地域もあるほど、長野県の郷土食の代表である「そば」。今では「そば打ちの会」がある地域も多く、大町でも月に1度、勉強会が開かれています。そうした会を通じて、多くの人がそば打ちの腕前を磨き、家族に、友人に振舞う光景がよく見られます。

材料（6人分）

- そば粉……500g
- 小麦粉……120g
- 薬味……適宜
- そばつゆ……適量
- 熱湯……200mℓ
- 水……100mℓ

作り方

1. こね鉢にそば粉を入れ、熱湯を回しかけてよく混ぜる。
2. 小麦粉を加えてさらに練り、様子を見ながら水を加え、耳たぶより少しやわらかい程度になるまでこねる。
3. ひとつにまとめて300回ほど練ったら、菊練りをする。
4. 打ち粉（分量外）をした板に③を移し、のし棒を使って伸ばす。45度ずつ回転させて丸くする。
5. ④を折り畳んで細長く切る。
6. 鍋にたっぷりの湯を沸かし、そばをゆでる。そばが浮いてきたらびっくり水を1杯（分量外）入れる。
7. もう一度沸いてきたら水にあげてよく洗い、氷水で締める。
8. ざるに盛りつけ、そばつゆとお好みの薬味を添えたら完成。

- 薬味は大根おろし、長ねぎ、わさびが一般的。北信の長野市などでは七味唐辛子をそばやつゆにかける家庭も。
- その日の温度や湿度、粉の状況によって水の量を調整します。その見極めには長年の経験が必要です。また、「そばが風邪をひく」という言葉があるように、そばは乾燥が大敵。保管の際は注意が必要です。

ゆで塩ます

大町市

この地域の神事や冠婚葬祭、お正月などに必ず登場するのが、ゆで塩ます。かつては、お腹に塩をたっぷりと詰めて、新潟の糸魚川から運ばれてきたそうです。この地域の鮮魚店ではお頭つきでストックしているので、必要なときに購入できます。神様にお供えしたあとは、ゆでてそのままいただくごちそう料理です。

材料（作りやすい分量）

- 塩ます……1尾

作り方

1. 大きな鍋にたっぷりの湯を沸かし、食べやすい大きさに切った塩ますをゆでる。
2. 塩ますの身に火が通ったら完成。

- ますによっては塩がきつい場合があるので、塩漬けの程度によって塩抜きをしましょう。

五目おこわ

人寄せのときに作るおこわ。地区の寄り合いや祭りのときの人気の料理です。具材はこれに限りませんが、干した「ずいき」やかんぴょうが入ると、味わいにぐっと深みが増します。

大町市

材料(20人分)

- もち米……2升
- ごぼう……300g
- にんじん……300g
- しめじ……2パック
- ずいき(乾燥)……50g
- かんぴょう(乾燥)……70g
- 油揚げ……1枚

Ⓐ
だし汁……180㎖
しょうゆ……180㎖
酒……360㎖
みりん……360㎖

- 酒……360㎖
- 湯……900㎖

作り方

1. もち米は洗い、水に浸して1日置く。
2. 前日に具材を煮る。ごぼうはささがきに、にんじんは薄いいちょう切りに、戻したずいきとかんぴょう、油揚げはお好みの大きさに小さく切る。しめじは石づきを取ってほぐす。
3. 鍋にⒶと②を入れて火にかけ、煮汁がなくなるまで煮る。
4. ①のもち米の水をよく切り、蒸し布を敷いた蒸し器に入れて強火にかけ、30分ほど蒸す。
5. 蒸し上がったら、蒸し布ごとボウルに移す。酒と湯を回しかけ、③も加えて混ぜ合わせる。
6. 再び蒸し器に入れて強火にかけ、15〜20分ほど蒸したら完成。

- 蒸す時間は、お好みの炊き上がりになるように調整してください。

凍り餅入りあんこ春巻き

古くから凍り餅の産地として知られる大町。よりたくさん食べてもらいたいと、お湯で溶いていただく昔ながらの料理に加えて、お母さんたちが試行錯誤《しこうさくご》。大福やあんころ餅、ピザ生地など、その使い道はさまざまです。

材料(10本分)

- 凍り餅……5個
- あんこ……大さじ10
- 春巻きの皮……10枚
- 水溶き薄力粉……適量
- 揚げ油……適量

作り方

1. 凍り餅を和紙ごと水に浸し、10分ほど置いて戻す。
2. 和紙を取り、ばらばらにほぐす。
3. 春巻きの皮に凍り餅1／2個とあんこ大さじ1をのせて巻き、水溶き薄力粉で閉じる。
4. 160度に熱した揚げ油で③をきつね色になるまで揚げたら完成。

- あんこの代わりに干し柿を入れてもおいしくいただけます。

野沢菜のしょうゆ漬け

塩漬けの野沢菜漬けだけでなく、しょうゆ漬けの野沢菜漬けを作る家庭も多くあります。漬けたあとは次第に味が変わっていくのを楽しみながらいただきます。春になって酸味が出てきたら塩抜きをし、お好みで味を変えても。

材料（作りやすい分量）

- 野沢菜……10kg
- 薄口しょうゆ……1.5ℓ
- 酢……500mℓ
- 砂糖……500g

作り方

1. 野沢菜を洗い、樽に葉先と根元が交互になるように重ねて入れる。一段入れるごとに砂糖適量を振り入れる。
2. すべての野沢菜と砂糖を重ね入れたら、薄口しょうゆと酢を混ぜ合わせ、上からかけ入れる。
3. 30kgの重しをし、ひと晩置く。水が上がったら重しを少し軽くする。水が上がってから1週間ほどで食べ頃に。

- 野沢菜をおいしく漬けるには、たっぷりの量を漬けること。10kgからがおすすめです。隙間を作らず、密に重ねることで水が上がりやすくなります。そのあと、重しを軽くするとやわらかく仕上がります。

こしょう味噌

こしょうとは唐辛子のことで、南蛮ともいいます。地域によっては固有種もあり、「ぼたごしょう」や「ひしの南蛮」などは信州の伝統野菜に認定されています。こしょうの葉の佃煮も、特に農家では一般的な食べ方です。

材料（作りやすい分量）

- こしょう……8本
- しその実漬け……適量
- 味噌……500g
- みりん……大さじ3
- 砂糖……150g

作り方

1. 10％濃度で塩漬けされたしその実を、半日ほど水に浸して塩抜きする。
2. こしょうは半分に切って種を取り除き、みじん切りにする。
3. 鍋に②、味噌、みりん、砂糖を入れて弱火にかけ、よく混ぜる。
4. ぽたりと落ちる程度になったら、水気を切った①を加える。ざっと混ぜ合わせて火を通したら完成。

- ごはんや豆腐に添えていただきます。かたくなってきたら、その都度みりんを足して伸ばします。

里いもコロッケ

材料（10個分）

- 鶏ひき肉……180g
- 里いも……中10個
- 玉ねぎ……1個
- にんじん……1／2本
- しいたけ……1個
- 小麦粉・卵・パン粉……各適量
- 塩・こしょう……各少々
- 油……少々
- 揚げ油……適量

定番の煮ころがしやきぬかつぎだけでは食べ飽きてしまうというほどたくさん収穫できる里いもを、形を変えておいしくいただきたいと生まれたコロッケです。里いもならではの粘りがしっとりとした口当たりに。

作り方

1. 蒸し器に里いもを皮ごと入れ、竹串がすっと通る程度まで15分ほど蒸す。
2. 蒸し上がったら、温かいうちに皮をむいてつぶす。
3. 玉ねぎとしいたけはみじん切りに、にんじんはすりおろす。
4. フライパンに油を熱し、ひき肉と玉ねぎを炒める。火が通ったらバットに移し、冷ます。
5. ④のフライパンでしいたけを炒める。
6. ②の里いもに④と塩、こしょうを加えて混ぜ、半量に分ける。片方にはしいたけを、片方にはにんじんを加えてさらに混ぜる。
7. しいたけ入りとにんじん入りがわかるように、それぞれ5等分にして違う形に整え、小麦粉、溶き卵、パン粉の順に衣をつける。
8. 170度に熱した揚げ油で⑦をきつね色になるまで揚げる。

・里いもは蒸しすぎても大丈夫です。お好みでしょうゆやソースをかけて。

菊いもの黒砂糖煮

繁殖力が強くて栽培しやすく、かつ天然のインスリンといわれるイヌリンを含むことなどから、近年、長野県では菊いもの特産化を図る地域が増え、さまざまなレシピが登場しています。

材料(6人分)

- 菊いも……600g
- 白炒りごま……適宜

Ⓐ
しょうゆ……大さじ3
みりん……大さじ3
黒砂糖……50g
砂糖……大さじ1
塩……少々
水……100~150mℓ

作り方

1. 菊いもの皮をむき、2cm大の乱切りにする。たっぷりの湯で菊いもをさっと湯通しする。
2. 鍋にⒶを入れて火にかけ、ひと煮立ちさせる。
3. ②に水気を切った菊いもを加え、10分ほど煮る。一度冷ましてから、煮崩れしないように様子を見ながらさらに煮る。味が染みたら、お好みで白ごまを振る。

- 菊いもは味噌と砂糖で味噌漬けにしたり、粕漬けにしてもおいしいです。シャキシャキとした食感がより楽しめます。

やしょうま

小谷村

2月15日の涅槃会《ねはんえ》に仏壇や寺に供える餅料理です。長野県では月遅れの3月15日に行うところも多くあります。食紅で花などを描いた丸形や花弁形など地域によってさまざま。小谷村の農家の一部では、自家製の米粉と小豆でまんじゅう形のやしょうまを作ります。

材料(6個分)

- 米粉……100g
- 白玉粉……50g
- 小豆……適量
- 砂糖……こしあんの分量の20%
- 塩……少々
- 湯……適量

作り方

1. 小豆は一昼夜、水に浸しておく。
2. 圧力釜に小豆とひたひたの水(分量外)を入れてひと煮立ちさせる。水を足して小豆の倍ほどの量にし、圧力をかけて炊く。炊き上がったらつぶして裏ごしし、晒《さらし》で絞る。
3. 砂糖と塩を加えてよく混ぜ、30gほどのあんこ玉を6個作る。
4. ボウルに米粉と白玉粉を入れて混ぜ、湯を少しずつ注ぎながら耳たぶ程度のやわらかさになるまでよくこねる。
5. 生地を6等分にして平たく伸ばし、③をのせて包む。
6. 湯気の上がった蒸し器に⑤を入れ、強火で25分ほど蒸したら完成。

- かたくなったら、フライパンで焼くとまた違った味わいを楽しめます。小豆200gでこしあん500gが目安(つぶあんは600g)。あんこはたくさん作った方がおいしく仕上がります。余った分は、薄く伸ばして冷凍すると保存が効きます。

塩蔵野菜の小谷風漬物

それぞれ少しずつ収穫時期が異なる夏野菜を、収穫するごとに30％濃度の塩漬けにして保存し、野菜が少なくなる頃、あらためて漬け直します。自然や季節に向き合い生きる人の、手間ひま惜しまない暮らしの知恵です。

材料（作りやすい分量）

・きゅうり・にんじん・しょうが・みょうが・しその実……各適量
・しょうゆ：砂糖：みりん：白だし……2：2：2：1
・黒酢……少々
・塩……野菜の分量の30％

作り方

1. きゅうり、みょうが、しその実は重量の30％濃度の塩漬けにする。きゅうりとみょうがは丸ごと、しその実はほぐし、それぞれ漬ける。
2. 塩漬けしたきゅうりとみょうがは輪切りにし、一昼夜水に浸して塩抜きする。しその実は、半日水に浸す。
3. にんじんとしょうがはせん切りにし、水気を切った②と合わせる。
4. 鍋にしょうゆ、砂糖、みりん、白だしを入れて火にかけ、ひと煮立ちさせたら冷まし、黒酢を加える。全体量は③の野菜がすべて浸る程度が目安。
5. ④を③の野菜に回しかけ、ひと晩置く。
6. ⑤の汁気を絞り、器に盛りつけたら完成。

・塩抜きの時間は塩分にもよります。味見をしてやや塩気が残る程度が目安。にんじんやしょうがは残った塩分でしんなりします。こしょうを加える家庭もあります。

ぽん

きなこおむすび

「黄金色の稲穂が実りますように」という祈りをこめて、田植えの昼食やお小昼にいただくおむすび。畦に座って家族や親戚、近所の人など、田植えに集まる人とともにいただきます。長野県全域の稲作地帯に伝わる食文化です。

材料（3個分）

- ごはん……2合分
- きなこ……100g
- 砂糖……大さじ2
- 塩……少々

作り方

1. ビニール袋にきなこ、砂糖、塩を入れて混ぜ合わせる。
2. ごはんを丸く握り、大きめのおむすびを作る。
3. ①を②のおむすびにまぶしたら完成。

- おむすび1個に使う炊いたごはんは200gが目安。きなこ、砂糖、塩はビニール袋などで混ぜておくと、まぶすときに便利です。

七夕ほうとう

月遅れの8月7日の七夕に、松本地域でお供えしていただく行事食です。夏になると七夕ほうとう用の麺が市販されるほど地元に根づいた料理です。ほうとうといっても味噌仕立てのうどんではなく、甘いおやつ。小麦農家が多く、収穫の時季に当たることから作られるようになったともいわれています。

材料(4人分)

- 地粉(中力粉)……300g
- ゆで小豆(下記参照)……適量
- きなこ……適量
- 砂糖……適量
- 塩……小さじ1/2〜1
- ぬるま湯……150mℓ

作り方

1. ボウルに地粉と塩を入れて混ぜ、ぬるま湯を少しずつ加えながらこねる。
2. ①を薄く伸ばして麺状に切り、たっぷりの湯でゆで、冷水で締める。
3. きなこと砂糖を合わせ、②の半量にまぶす。ゆで小豆も残り半量と合わせ、それぞれ器に盛ったら完成。

- 春に収穫したよもぎをゆでて冷凍しておいたものを麺に練り込んだ、よもぎ入りの七夕ほうとうもあります。

ゆで小豆

「七夕ほうとう」のほか、126ページの「冬至かぼちゃだんご」でも使います。

材料(600g分)

- 小豆……200g
- 砂糖……160〜200g
- 塩……ふたつまみ
- 水……900mℓ

作り方

1. 厚手の鍋に水360mℓを入れて強火にかけ、沸騰したら小豆を入れる。
2. 再沸騰したら中火にし、5分ほど煮たら火を止める。そのまま30分ほど蒸らし、ザルにあげて水気を切る。
3. 再び小豆を鍋に戻し、水540mℓを加えて強火にかける。
4. 沸騰したら少し豆が踊る程度に弱火にして煮る。煮汁から豆が出るようであれば、その都度水を1カップ(分量外)足す。芯がなくなったら火を止め、そのまま30分ほど置く。
5. 小豆と煮汁に分け、小豆と煮汁に沈殿したものだけを鍋に戻す。
6. 砂糖を加えてやさしく混ぜてから中火にかける。ふつふつとしたら弱めの中火にし、時々混ぜながら煮る。
7. 混ぜたときに鍋底が見え、一瞬置いてからあんこが戻る程度のやわらかさになったら塩で味を調える。

からし稲荷

からしを油揚げの中に塗っていただく、松本地方の郷土食のお稲荷さん。市内の筑摩《つかま》神社では、毎年1月の篝火《かがりび》神事の際に油揚げと和がらしを厄除けとして売る風習もあります。法事の席で食されてきたのが、今では日常の食として愛されています。

材料(10個分)

- ごはん……3合分
(昆布1枚と一緒に炊いたもの)
- 油揚げ……5枚
- だし汁……270ml
- しょうゆ……大さじ3
- みりん……大さじ1
- 砂糖……大さじ5

Ⓐ
和がらし……大さじ1
砂糖……少々
ぬるま湯……大さじ1

作り方

1. 油揚げを半分に切り、熱湯をかけて油抜きする。
2. 鍋にだし汁、しょうゆ、みりん、砂糖を入れて火にかけ、ひと煮立ちさせたら①を加えて煮る。煮汁を吸って味を含んだら冷ます。
3. Ⓐをよく混ぜて練りがらしを作り、開いて裏返した油揚げの中に塗る。
4. ごはんを10等分にし、軽く握って③に詰めたら完成。

- 子どもたちが間違って食べないように、油揚げを裏返しておくのが一般的。油揚げは前の日に作っておくとより味が染み込みます。

干し揚げと切り昆布の煮物

松本地方のお盆の定番料理。「干し揚げ」は丸い油揚げを乾燥させたもので、この煮物のためにお盆が近くなると店頭に並ぶ、夏ならではの食材のひとつです。具材の種類も、汁の量も、家庭によってさまざまです。

材料（4人分）

- 干し揚げ……30g
- さつま揚げ……2枚
- ちくわ……1本
- じゃがいも……3個
- にんじん……1／2本
- なす……2個
- ささげ……5本
- 干ししいたけ……5枚
- こんにゃく……1／2丁
- 切り昆布……20g

Ⓐ
だし汁（干ししいたけの戻し汁含む）……500mℓ
しょうゆ……大さじ3
酒……大さじ1
みりん……大さじ1
砂糖……小さじ2

作り方

1. 干ししいたけは水で戻してから半分に切る。戻し汁はだし汁の分量に加える。こんにゃくはスプーンでひと口大にちぎる。

2. ちくわは斜め切りに、さつま揚げ、じゃがいも、にんじんは食べやすい大きさに乱切りにする。
3. なすとささげも食べやすい大きさに切る。
4. 切り昆布は洗い、長いようなら切っておく。
5. 鍋にⒶを入れて火にかけ、ひと煮立ちさせたらこんにゃくを入れる。
6. 再び沸騰したら、干ししいたけ、②、④の具材を加えて煮る。
7. じゃがいもとにんじんがやわらかくなったら、③を加えてさらに煮る。
8. 煮えたら干し揚げを加え、味を含ませたら完成。

- だし汁は材料が軽くかぶるくらい、ひたひたになるのが目安。具材は家庭により異なりますが、干し揚げに切り昆布、じゃがいも、にんじんが定番です。

冬至かぼちゃだんご

松本市

「冬至にかぼちゃを食べると風邪をひかない」といわれますが、この料理も松本を中心に冬至にいただきます。かぼちゃと小豆を煮る「いとこ煮」は全国的にありますが、そこに団子を入れるのは松本地域ならではです。

材料(4人分)

- 地粉(中力粉)……200g
- かぼちゃ……350g
- ゆで小豆(121ページ参照)……200g
- しょうゆ……大さじ2
- 砂糖……大さじ2
- 塩……少々
- 水……200mℓ

作り方

1. かぼちゃは食べやすい大きさに切って鍋に入れ、ひたひたの水(分量外)で煮る。
2. かぼちゃがやわらかくなったらゆで小豆を加えてひと煮立ちさせ、しょうゆと砂糖を加えて煮る。
3. ボウルに地粉、塩、水を入れてざっくりと混ぜ、スプーンですくって②に落として煮る。団子に火が通ったら完成。

- 団子の生地はなめらかになるまで練る必要はありません。イメージはすいとんです。かぼちゃの甘味に応じて砂糖の量は調整します。

野沢菜の粕汁

漬けた野沢菜を粕汁に加えた冬の汁物。野沢菜漬け、粕、味噌と、発酵食品たっぷりの健康的な一品。身体をぽかぽかに温めてくれます。

材料（4人分）

- 野沢菜漬け（葉）……適量
- 大根……1／4本
- にんじん……1／3本
- 長ねぎ……1本
- しめじ……80g
- 油揚げ……1枚
- 煮干し……7本
- 酒粕（板粕）……60g
- 味噌……50g
- 水……600㎖

作り方

1. 鍋に水、煮干しの頭、縦半分にしてはらわたを除いた煮干しの身を入れてひと晩置く。
2. 容器に酒粕、①のだし汁100㎖を入れて合わせ、酒粕をやわらかくする。
3. ①を火にかけ、ひと煮立ちさせたら煮干しを取り出す。
4. 野沢菜漬けは洗って水気をよく絞り、1㎝幅に切る。大根とにんじんは3㎜幅のいちょう切りに、長ねぎは斜め薄切りに、油揚げは1㎝幅の細切りにする。しめじは石づきを取ってほぐす。
5. ③に④を加えて煮る。具材に火が通ったら②を加えて溶かし、味噌を加える。沸騰直前で火を止め、お椀に盛りつけたら完成。

・野菜の量は目安です。初冬に新酒の声が聞こえると、しばらくして板粕の販売もはじまります。身体を温めてくれる、冬に最適の汁物です。

葉玉ねぎの鉄火味噌

茎が伸びて花芽がつき、とう立ちした玉ねぎは、芯がかたくて出荷できません。それらを早いうちに収穫したのが葉玉ねぎです。やわらかくて甘味が強いのが特徴。旬が短く、産地の安曇野ならではの味わいです。

材料(4人分)

- ちくわ……2本
- 葉玉ねぎ……600g
- 味噌……40g
- 砂糖……20g
- 油……大さじ3

作り方

1. ちくわは1cm幅の斜め切りにする。葉玉ねぎの白い部分は斜め切りに、青い部分は3cm長さに切る。玉の部分は1cm幅の半月切りにする。
2. フライパンに油を熱し、葉玉ねぎの白い部分と玉の部分を入れて炒める。
3. 全体に油が回ったらちくわと葉玉ねぎの青い部分を加え、さらに炒める。
4. しんなりしたら味噌と砂糖を加え、全体を混ぜ合わせたら完成。

- 工程④で味つけをしたら中央にくぼみを作り、卵を割り落として一緒に焼く場合もあります。

わさび漬けとわさびの葉のうぐいすごはん

美しい湧き水を利用して栽培される安曇野市のわさびは、生産量全国一を誇ります。その特徴を十分に知り、良さを引き出した調理方法はわさび農家だからこそ。根茎の色が美しいのは4〜5月、葉茎が出回るのは12〜4月頃です。

［わさび漬け］

材料（4人分）

- わさび……60g
- 酒粕……150g
- 砂糖……50g
- 塩……2g

作り方

1. わさびは皮ごと3㎝長さのせん切りにする。茎やひげ根もあれば小口切りにする。
2. ①を塩でもむ。水に浸けると辛味が出てしまうので手早く水気を絞る。
3. キッチンペーパーを4枚重ねて②を平たくのせ、上からさらに2枚重ねて挟む。のし棒などで叩いてアクを抜き、キッチンペーパーを替えてもう1度繰り返す。
4. ボウルに酒粕と砂糖を入れてよく混ぜ、③を加えてさらに混ぜ合わせたら完成。

- わさびは、部位や太さで辛味や食感が異なるので、各所取り混ぜるのがおすすめ。特にひげ根がもっとも辛い部位です。

［わさびの葉のうぐいすごはん］

材料（6人分）

- ごはん……4合分
- わさびの葉茎……150g
- 砂糖……小さじ1
- 塩……適量

作り方

1. わさびの葉茎を3㎝長さに切って軽く塩でもみ、沸騰してからひと呼吸置いた湯をさっとかける。
2. ①と砂糖を合わせてよく混ぜ、ビニール袋に入れて冷蔵庫で急冷させたら「わさびのお浸し」の完成。お浸しで食べるときは、お好みでしょうゆなどをかける。
3. ②を細かく刻んで軽く汁気を絞り、温かいごはんに混ぜる。軽く塩を振って味を調え、器に盛ったら完成。

- わさびの葉の食べ方はお浸しが一般的。辛味が抜けないように下処理をするのがポイントです。

おしょいの実

温かいごはんにかけたり、焼いた餅にのせて食べるのが一般的で、栄養価の高い発酵食。以前は蒸した黒豆などを濡れ布巾に包んでこたつなどで温め、時折混ぜては3日ほどかけて発酵させたそうです。「おしょうゆの実」ともいいます。

材料（作りやすい分量）

Ⓐ
- 黒豆……10kg
- 押し麦……20kg
- 麹菌……10g

- 糀甘酒……150g
- しょうゆ……少々
- 塩……10g

作り方

1. Ⓐの材料で黒豆麹を作る。黒豆を洗い、30時間ほど水に浸す。押し麦はザルに入れたまま5分ほど水に浸す。
2. 蒸し器に水気を切った黒豆、押し麦を順に入れ、強火にかける。湯気が上がってから1時間ほど蒸したら中火にし、さらに20分ほど蒸す。火を止めたらさらに10分ほど蒸らす。
3. 蒸し器から出して広げ、冷ましたら麹菌を振る。温度は36度にする。
4. 発酵器に③を入れ、ヒーター38度、ファン36度に設定して発酵させる。
5. 20時間ほど経ったら切り返し、ヒーター・ファンともに36度に設定、3〜4時間ほど発酵させる。
6. 広げて冷ましたら、黒豆麹の完成。小分けにして冷凍保存する。
7. 黒豆麹250gをひたひたのぬるま湯（分量外）に浸してひと晩置く。
8. 時々かき混ぜ、黒豆と押し麦がやわらかくなったら塩を加え、混ぜて溶かす。
9. 糀甘酒としょうゆを加え、混ぜ合わせたら完成。

- 米と米糀で作る甘酒を使用してください。長野県の農村集落では発酵器を導入し、共同で味噌や麹などを仕込む地域が多くあります。

アールスメロンの粕漬け

減反政策により昭和40年代から栽培されるようになったアールスメロン。品質を高めるために小さいうちに摘果《てきか》したものを、無駄なくいただこうと生まれたのが粕漬けです。コリッとした食感とほのかなメロンの香りがする初夏の味です。

材料(作りやすい分量)

- アールスメロン(摘果したもの)……適量
- Ⓐ 酒粕：砂糖……4：2.5
  焼酎(35度)……酒粕1kgに対して50㎖
- 塩……アールスメロンの分量の7%

作り方

1. アールスメロンに塩をまぶし、3～5日間ほど塩漬けにする。10cmを超えるものは半分に切り、種をくりぬいてから漬ける。
2. Ⓐの材料を混ぜ合わせて粕床を作り、樽に薄く敷く。
3. アールスメロンの水気をよく拭き取って②の樽に一段入れ、その上に粕床を敷き詰める。
4. ③を繰り返し、最後に粕床を多めに敷き詰める。表面が空気に触れないようにし、1カ月ほど漬けたら完成。

- 半分に切った場合、塩はアールスメロンの重量の5%にし、粕床に漬ける際は断面を下にして並べます。

セルリーの粕漬け

安曇野市

セルリー農家に伝わる逸品。シャキッとした食感と酒粕、セルリーの香りがクセに。セルリーの筋は取る必要はありません。葉は佃煮にするのがおすすめ。捨てるところのない野菜です。

材料(作りやすい分量)

- セルリー……8kg
- Ⓐ 酒粕……4kg
  味噌……800g
  砂糖……1~2kg
- 塩水(濃度5%)……適量

作り方

1. セルリーは葉を取り除いて塩水に浮かせ、落とし蓋をして二昼夜漬ける。
2. Ⓐの材料を混ぜ合わせて粕床を作り、樽に薄く敷く。
3. セルリーの水気をよく切って②の樽に一段入れ、その上に粕床を敷き詰める。
4. ③を繰り返し、最後に粕床を多めに敷き詰める。表面が空気に触れないようにし、1カ月ほど漬けたら完成。

- 事前に塩漬けしないで生のまま漬ければより手軽。生のセルリー10kgに対し、酒粕4kg、砂糖1・5~2kg、塩500gで粕床を作ります。

牧大根の漬物

牧大根は安曇野で栽培される地大根で、信州の伝統野菜に認定されています。下ぶくれの牧大根は水分が少なく、特に漬物にするとパリパリとした食感が際立ちます。塩の分量を調整して、好みの味わいに仕上げます。

安曇野市

材料（作りやすい分量）

- 牧大根……10kg
- 米糠《こめぬか》……2kg
- たくあん漬けの素（市販）……50g
- Ⓐ
  - 砂糖……1.5kg
  - 塩……800g
  - ウコン粉……適宜

作り方

1. 牧大根を洗って水気を切る（2日ほど日陰に置いてもよい）。
2. Ⓐの材料を混ぜ合わせて糠床を作り、樽に薄く敷く。
3. 牧大根を②の樽に一段入れ、その上に糠床を振る。
4. ③を繰り返し、最後に糠床を多めに振りかける。
5. 表面が空気に触れないようにし、牧大根の2倍（20kg）の重しをする。水が上がったら重しを軽くする。2カ月ほど漬けたら完成。

・ウコン粉はお好みで。入れると鮮やかな黄色になります。重しを軽くする際は、大根が水にひたひたに浸る程度が目安です。

おばり豆

大豆の収穫が終わった10～11月頃に、新大豆で作る料理。素朴な味わいの子どものおやつです。豆が豆に「おぶさる」ように仕上がることから名づけられたともいわれています。

材料（4人分）

・大豆……130g

Ⓐ
- 米粉……60g
- 砂糖……大さじ1
- 塩……小さじ1／4
- 水……100㎖

作り方

1. 大豆は洗って水気を切り、弱火にかけたフライパンで空煎りする。
2. 大豆の中央に割れ目ができて芳《こう》ばしい香りがしてきたら火を止め、手で触れる温度まで冷ます。
3. 混ぜ合わせたⒶを加えて弱火にかけ、焦げないように混ぜながら煮詰める。
4. 汁気がなくなって大豆がまとまったら火を止める。2㎝大にして器に盛りつけたら完成。

・作りたてはカリッとした食感ですが、翌日以降、しんなりしてからが好みという人も。ごまやくるみを入れてもおいしくいただけます。

凍り餅

切り分けたのし餅をひとつずつ和紙に巻き、紐などでつなげたら、ひと晩水に浸けます。乾燥するまで3ヵ月ほど干したら凍り餅の完成。厳寒期の1〜2月にかけてたっぷりと仕込み、4月頃から一年中食べられる保存食です。

材料（1人分）

- 凍り餅……2個
- 砂糖……小さじ1
- 湯……180㎖

作り方

1. 凍り餅を巻いている和紙をはがし、たっぷりの水で戻す。
2. 凍り餅がやわらかくなったら水気を絞り、細かくする。
3. お椀に②と砂糖を入れ、湯を注いで混ぜたら完成。

- 砂糖の量もお湯の量もお好みで調整してください。おやつにいただくことが多いですが、幼児の離乳食などにも重宝されています。

七夕まんじゅう

8月7日、月遅れの七夕の朝早く、里いもの葉にたまったつゆを集めて墨をすり、短冊に願い事を書いて笹に吊るします。窓際に新小麦で作った七夕まんじゅう、とうもろこしなどの夏野菜を供え、夜になると天の川を眺める、盛夏の習わしです。

材料（24個分）

- 地粉……500g
- あんこ（下記参照）……適量
- なす味噌（下記参照）……適量
- 卵……1個
- 砂糖……100g

Ⓐ
- ベーキングパウダー……大さじ2
- 重曹……小さじ1
- 水（または牛乳）……200〜220㎖

作り方

1. ボウルに卵と砂糖を入れてよく混ぜ合わせたら、Ⓐを加えてさらに混ぜる。
2. ふるった地粉を①に加え、菜箸や泡立て器でかき混ぜる。
3. 手でこね、まとまったら10〜20分ほど寝かせる。
4. ③を24等分にし、丸く平たく伸ばして具材（あんことなす味噌）をそれぞれ包む。
5. 湯気の上がった蒸し器に入れて、強火で5〜6分ほど蒸す。中火にしてさらに7分ほど蒸したら完成。

・蒸しの途中で中火にすることでまんじゅうが割れるのを防ぎます。具材のあんこは30gずつ、なす味噌はひと切れずつ包んでください。あんこはこしあんにしてもおいしいです。

具材の作り方

あんこ

1. 小豆（適量）をひと晩水（適量）に浸す。
2. 鍋に小豆とたっぷりの水を入れて火にかけ、2回ゆでこぼす。
3. 小豆が指でつぶせるほどになったらお好みの量の砂糖を加え、汁気がなくなるまで火にかけたら完成。

なす味噌

1. 長なす（適量）を2㎝幅の輪切りにする。片面に格子状に切り込みを入れる。
2. 切り込みを入れた面に甘味噌（味噌：砂糖＝3：2）を薄く塗り、大葉を1枚ずつのせる。

むかごのえごま和え

むかごもえごまも、木曽でよく採れる食材のひとつです。えごまをすって和え衣にするのも代表的な調理方法で、むかごのほか、ほうれん草や小松菜など、ごま和えと同様に使います。

材料（4人分）

- むかご……200g
- Ⓐ
  - えごま……30g
  - 白炒りごま・ピーナッツ・むきくるみ……各9g
- Ⓑ
  - しょうゆ……大さじ3
  - みりん……少々
  - 砂糖……大さじ3

作り方

1. むかごをざっと水洗いする。
2. 蒸気が上がった蒸し器に①を入れ、強火にかけて5分ほど蒸す。
3. フライパンにⒶを入れて火にかけ、香りが出るまで煎ったらすり鉢でよくする。
4. 鍋に③を入れて火にかけ、Ⓑを加えてよく練り混ぜる。
5. ④に②のむかごを入れてよく混ぜ合わせたら完成。

- 甘めが好みの人はⒷの調味料の分量を調整してください。ごまは白黒どちらでも。ピーナッツ、くるみはお好みで。写真はイタドリの小口切りを彩りに添えました。

イタドリのお寿司

ろくろ細工で知られる南木曽町の一角に、木地師たちの集落があります。良い木を求めて移住を繰り返した木地師にとって、山菜のイタドリは貴重な食糧のひとつでした。定住した今も、木地屋の料理として受け継がれています。

材料（作りやすい分量）

- 酢飯……適量
- イタドリの塩漬け（左記参照）……適量
- 大葉……適量
- 紅しょうが……適宜
- 酢……適量

作り方

1. イタドリの塩漬けをひと晩水に浸けて塩抜きする。途中、何回か水を替える。
2. ほどよい塩気になったらザルにあげ、水気をよく切る。
3. 縦に切り込みを入れて開いたら、ひたひたの酢に漬けて数時間置く。
4. 手に酢少々をつけて酢飯を握り、大葉、イタドリをのせて軽く押さえる。お好みで刻んだ紅しょうがを添えたら完成。

- イタドリを塩漬けにするのはアク抜きし、長く保存するためです。昔は軽く湯通しし、水に浸けてアクを抜きました。写真の赤いお寿司は、赤かぶの甘酢漬けを薄切りにし、握ったものです。

イタドリの塩漬け（アク抜き）

1. イタドリの皮をむき、5cm長さに切る。
2. 全体に行き届く程度の塩を振って塩漬けにし、ひと晩置く。
3. 水気をよく切り、そのまま保存する。

イタドリの煮物

イタドリはコリコリ、シャキシャキとした食感が特徴です。そのまま食べると酸味が強いのですが、アクを抜けば味わいは非常に淡白。どんな料理にもよく合うことが、重宝される所以《ゆえん》のひとつでもあります。煮物はその最たるものです。

材料（4人分）

- イタドリの塩漬け（右記参照）……150g
- いんげん……10本
- 凍み大根（輪切り）……4個
- 凍み豆腐……4枚

Ⓐ
- だし汁……600㎖
- みりん……大さじ3
- 砂糖……大さじ3
- しょうゆ……大さじ2

Ⓑ
- 塩……少々

作り方

1. イタドリの塩漬けをひと晩水に浸けて塩抜きする。途中、何回か水を替える。
2. 凍み大根はひたひたの水に2時間〜ひと晩ほど浸して戻す。中まで水が染みたら水気を軽く絞り、半分に切る。
3. 凍み豆腐はひたひたの水に3〜20分ほど浸して戻す。中まで水が染みたら水気をよく絞り、短冊切りにする。
4. いんげんはへたを切り落とし、大きければ斜め半分に切る。
5. 鍋にⒶを入れて火にかけ、ひと煮立ちさせたら①②③を加えて煮る。
6. 凍み大根に味がなじんできたら④を加え、Ⓑで味つけをしたら完成。

- 凍み大根を戻すときはぬるま湯を使っても。30分ほどで戻ります。写真はきんぴらごぼうを彩りに添えています。

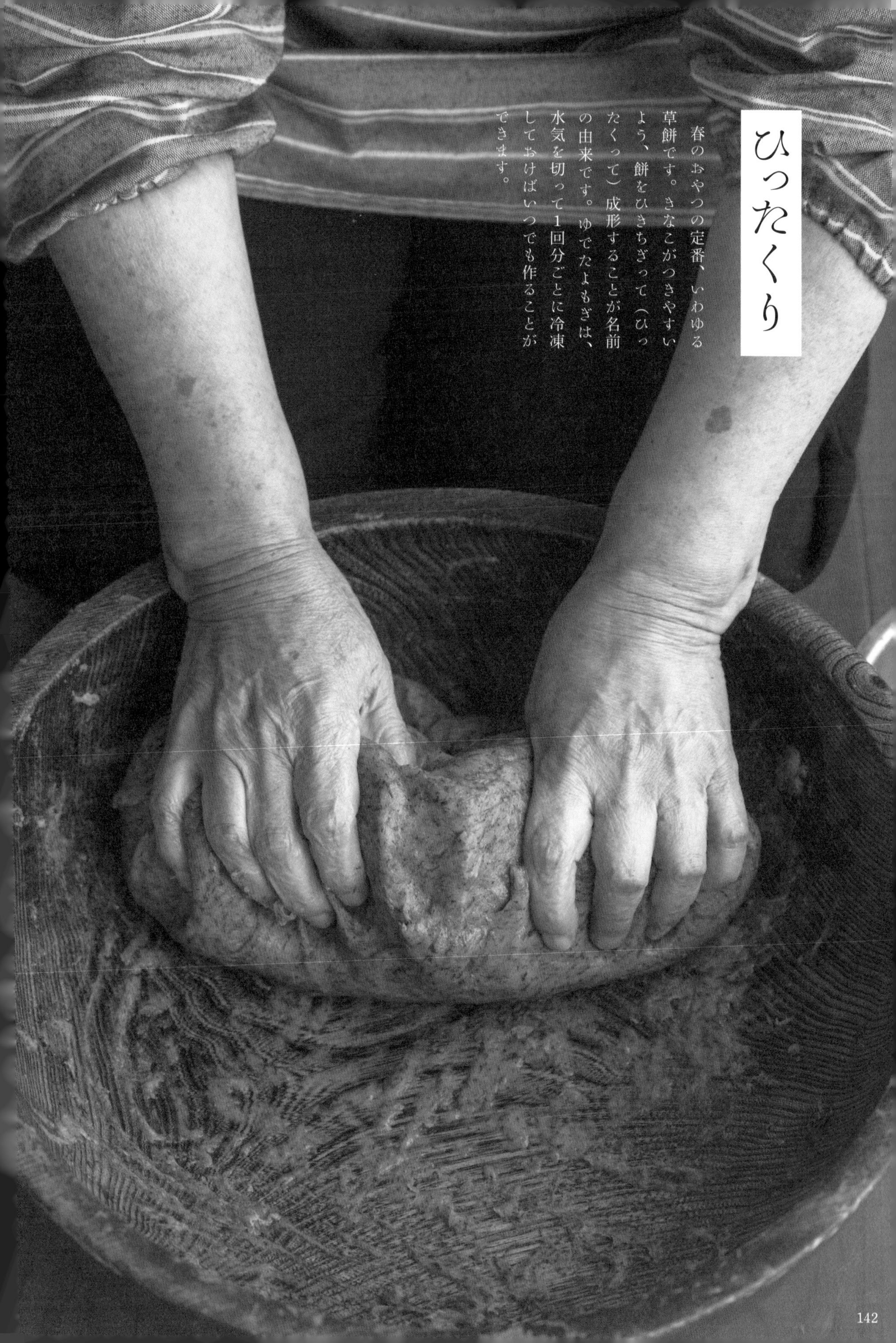

ひったくり

春のおやつの定番、いわゆる草餅です。きなこがつきやすいよう、餅をひきちぎって（ひったくって）成形することが名前の由来です。ゆでたよもぎは、水気を切って1回分ごとに冷凍しておけばいつでも作ることができます。

材料（15人分）

- 米粉……1升
- よもぎ……200g
（ゆでた状態の分量）
- 重曹……大さじ1
- きなこ：砂糖……1：1
- 砂糖（餅用）……適量
- 塩……少々
- 熱湯……適量

作り方

1. よもぎをよく洗い、重曹を加えたたっぷりの湯（分量外）でゆでる。指で茎がつぶれる程度のやわらかさになったら水に取り、2時間ほどさらす。
2. 耐熱ボウルに米粉を入れ、熱湯を少しずつ加えて混ぜる。ボウルにくっつかない程度にまとまったら、適度な大きさに丸めてたっぷりの湯でゆでる。浮いてきたら引き上げ、こね鉢に入れる。
3. ②に水気をよく絞った①のよもぎ、砂糖（餅用）、塩を加えてこねる。こねるほど口当たりがよくなる。
4. 指4本を使って餅をひと口大にひきちぎり、器に盛る。きなこと砂糖を合わせて餅に振ったら完成。

- ひきちぎった餅を細長く丸め、拳《こぶし》で押すように模様をつけて盛りつけることもあります。色はよもぎの量で調整します。たくさん入れると美しい緑になりますが、食べたときに繊維が残りやすいので注意。

木曽町開田高原

すんきとうじそば

木曽を代表するすんき漬けとそばをいただくこの料理は、木曽地域の最大のもてなし料理。「とうじそば」はそばを「投じる」ことからという説も。「とうじかご」は、笹に似た「すずたけ」でかごを編み、イチイの枝1本から柄《え》を作ります。

材料（5人分）

- 生そば……650g
- すんき漬け……300g（漬け汁含む）
- 干ししめじ……50g
- 長ねぎ……適量
- 昆布……1枚（10cm×10cm）
- しょうゆ……200mℓ
- 水……2.5ℓ

作り方

1. 干ししめじはぬるま湯に浸して戻す。
2. 鍋に水と昆布を入れて火にかけ、沸騰したら昆布を取り出す。
3. しょうゆと小口切りにしたすんき漬けを加え、ひと煮立ちさせたら①を加える。
4. たっぷりの湯（分量外）でそばをゆで、ザルにひと玉ずつ盛りつける。
5. 食卓にガスコンロなどを設置し、③の鍋を火にかける。

6. とうじかごにそばをひと玉ずつ入れたら⑤の鍋にかごごと入れ、軽く温める。

7. お椀に⑤のだし汁を入れ、⑥のそばを具材と一緒に盛りつけ、粗みじん切りにした長ねぎを散らしたら完成。

• すんき漬けは赤かぶの葉茎を乳酸発酵させた、木曽を代表する無塩の漬物。容器にさっと湯通しした葉と「すんき種」を交互に入れて漬け込んだら、ゆでた湯（約45度）をひたひたに入れます。保温しながら1日置き、酸味が出たら完成。その後は冷暗所で保存します。

花豆の煮物

木曽町開田高原——

標高700メートル以上の高原でしか育たない花豆。長野県内では開田高原や軽井沢、小諸、長野市大岡などで栽培されています。しわが寄らず、ふっくらと煮えるのは長年かけて培《つちか》った熟練の技があればこそ。

材料(作りやすい分量)

- 花豆……300g
- 重曹……大さじ2
- しょうゆ……適宜
- みりん……100mℓ
- 砂糖……700g

作り方

1. 花豆をたっぷりの水に浸して2日間ほど置く。1日ごとに水を替える。
2. 鍋に花豆、ひたひたの水(分量外)、重曹大さじ1を入れて強火にかける。沸騰したら中火にし、10分ほど煮たら煮こぼす。
3. ②をもう一度繰り返す。花豆を手でつぶしてやわらかくなっていたらザルにあげ、さっと水で洗う。
4. 花豆を鍋に戻し、みりんと砂糖を加えて軽く混ぜ、2時間〜ひと晩置く。
5. お好みでしょうゆを加え、弱〜中火にかけて煮る。煮汁がなくなり味が染みたら完成。

- 花豆をゆでる際、泡が吹くことがあるので火加減に注意。ストーブで炊くとよりおいしく炊き上がります。みりんと砂糖を加えてから少し置くことでしわが寄るのを防ぎます。

大平

木曽地域の冠婚葬祭には欠かせない、野菜をたっぷりと煮込んだ料理。祝事と仏事で野菜の切り方が変わり、祝事はひし形に、仏事は四角に切るという地域もあります。煮る具材は奇数にするという決まりもあります。

木曽町開田高原――

材料(5人分)

- 鶏もも肉……150g
- にんじん……1/3本
- ごぼう……10cm
- 里いも……5個
- きぬさや……適宜
- 干ししいたけ……5枚
- こんにゃく……1/2丁
- 昆布……1枚(15cm×15cm)
- Ⓐ
  - 薄口しょうゆ……大さじ2
  - 酒……大さじ2
  - みりん……大さじ1
  - 塩……小さじ2と1/2
- ぬるま湯……200mℓ
- 水……800mℓ

作り方

1. 干ししいたけはぬるま湯に浸して戻す。
2. 鶏肉、にんじん、ごぼう、里いも、干ししいたけ、こんにゃくは大きさをそろえて小さめに切る。
3. 里いもは塩少々(分量外)でもんで下ゆでし、こんにゃくも下ゆでする。
4. 鍋に①の戻し汁、水、昆布、②、③を入れて火にかけ、ひと煮立ちさせたら昆布を取り出して弱火にする。
5. アクを取ったらⒶを加え、さらに煮る。
6. 具材に火が通ったらお椀に盛り、お好みで塩ゆでして細切りにしたきぬさやを添える。

- 具材は家庭や地域で異なり、ちくわや油揚げ、じゃがいも、干し昆布、きのこを入れるところも。

赤かぶの甘酢漬け

木曽地方には開田かぶ、王滝かぶ、三岳かぶと、各地で在来種の赤かぶが栽培されています。葉はすんき漬けに、かぶは甘酢漬けにするのが一般的。弾力のある歯応えが特徴です。

材料(作りやすい分量)

- 赤かぶ……1kg
- 酢……600mℓ
- ざらめ……700g
- 塩……20g

作り方

1. 赤かぶに塩をよくまぶす。かぶが大きい場合は4cm大に切る。
2. 樽に①を入れ、重しをして水が上がるまで置いておく。
3. 水が十分上がったら水を捨てる。味を見て塩味が強いようなら、お好みの塩味になるまで水洗いする。
4. ③の水気をよく切り、ざらめと酢を加えて1週間ほど漬けたら完成。

- より鮮やかな赤色にしたい場合は、皮をむいたビートを5㎜幅に切って一緒に漬け込んでください。

池《いけ》盛《も》り

工夫を凝《こ》らして彩りを添えた冠婚葬祭に供される料理。断崖絶壁に生える岩茸は、晴れの日は乾燥して採りづらく、雨の日は危険とあって今や稀少《きしょう》な食材です。春はたけのこなどを用いることも。盛り込む具材は奇数が好まれます。

材料（5人分）

- 岩茸……50g
- にんじん……1／3本
- きゅうり……1本
- 春雨……100g
- 卵……2個
- Ⓐ
  - しょうゆ……大さじ1
  - 酢……大さじ3
  - 砂糖……大さじ1
  - 水……大さじ1と1／2
- Ⓑ
  - しょうゆ……25mℓ
  - みりん……10mℓ
  - 砂糖……50g
  - 酢……50mℓ
  - 水……50mℓ
- 塩……適量
- 油……少々

作り方

1. 岩茸はぬるま湯にひと晩浸し、塩少々を振ってよくもみ、苔や汚れを落とす。
2. ①をさっとゆでる。ボウルに入れてⒶを加え、混ぜて下味をつける。
3. Ⓑのみりんを火にかけてアルコールを飛ばす。Ⓑのほかの材料も加えてよく混ぜ、ひと煮立ちさせたら火を止め、冷ます。
4. ボウルに卵と塩ひとつまみを入れて混ぜ、薄く油を熱したフライパンに流し入れて薄焼き卵を作り、4cm長さの錦糸卵にする。
5. にんじんは4cm長さのせん切りにしてさっとゆでる。きゅうりはせん切りにする。春雨もさっと湯にくぐらせ、長いようなら切る。
6. 池盛り用の朱塗りの皿に春雨を盛り、そのまわりに岩茸、錦糸卵、きゅうり、にんじんの順に盛り、③を回しかけたら完成。

- きゅうりの代わりにゆでたほうれん草を用いることもあります。

笹巻きおこわ

王滝村

折々の素材を使って炊いたおこわを笹に包むのは、殺菌効果を利用して長持ちさせる暮らしの知恵です。笹の香りが移っておいしさも増します。本レシピでは、山のアスパラガスとも呼ばれる山菜の「しおで」を使っています。

材料（10人分）

- もち米……1升
- ちくわ……適量
- しおで……適量
- 笹の葉……適量

Ⓐ
しょうゆ……180㎖
みりん……大さじ2
水……500㎖

作り方

1. もち米はよく洗い、ひと晩水に浸しておく。ちくわは斜め薄切りにする。しおではさっと塩ゆでし、1㎝幅に切る。
2. もち米の水気をよく切ってから蒸し布を敷いた蒸し器に入れ、強火で30分ほど蒸す。
3. 蒸し布ごとボウルに移し、合わせたⒶで打ち水をしながらちくわとしおでを加えて混ぜる。
4. 蒸し器に③を戻し、再び強火にかけて10〜15分ほど蒸す。
5. 冷めたら笹の葉に40〜50gずつ包み、すげなどで結んだら完成。

- 笹の葉に包んだ状態で冷凍し、食べるときに蒸し直しても。急な来客時などに重宝します。味出しにちくわや油揚げを加えます。

うずらの糀漬け

山鳥を捕らえて食すのは木曽の昔からの食文化。うずらは狩猟《しゅりょう》鳥獣《ちょうじゅう》から除外されているため、養殖を用います。オスの方が肉づきがよくやわらかいのでおすすめ。秋のはじまりに漬けて発酵させ、年末年始に食べるごちそうです。

材料(20個分)

- うずら……20羽
- しょうゆ(下洗い用)……270mℓ

Ⓐ
米糀……400g
しょうゆ……135mℓ
砂糖……大さじ2

作り方

1. 調理用ハサミでうずらの羽先、くちばし、足先を切り、お尻からハサミを入れて背開きにする。
2. 内臓を取り除き、うずらの臭みを取るために下洗い用のしょうゆを振って30分ほど置く。
3. しょうゆを捨て、合わせたⒶをうずらの腹に詰め、樽に入れる。
4. 落とし蓋をして材料と同量の重しをし、冷暗所に2週間置く。
5. 米糀を拭き取り、180~200度のオーブンで15分ほど焼いたら完成。

- 現在は羽の処理をしてある冷凍うずらが市販されているので、あまり手間をかけずに作ることができます。

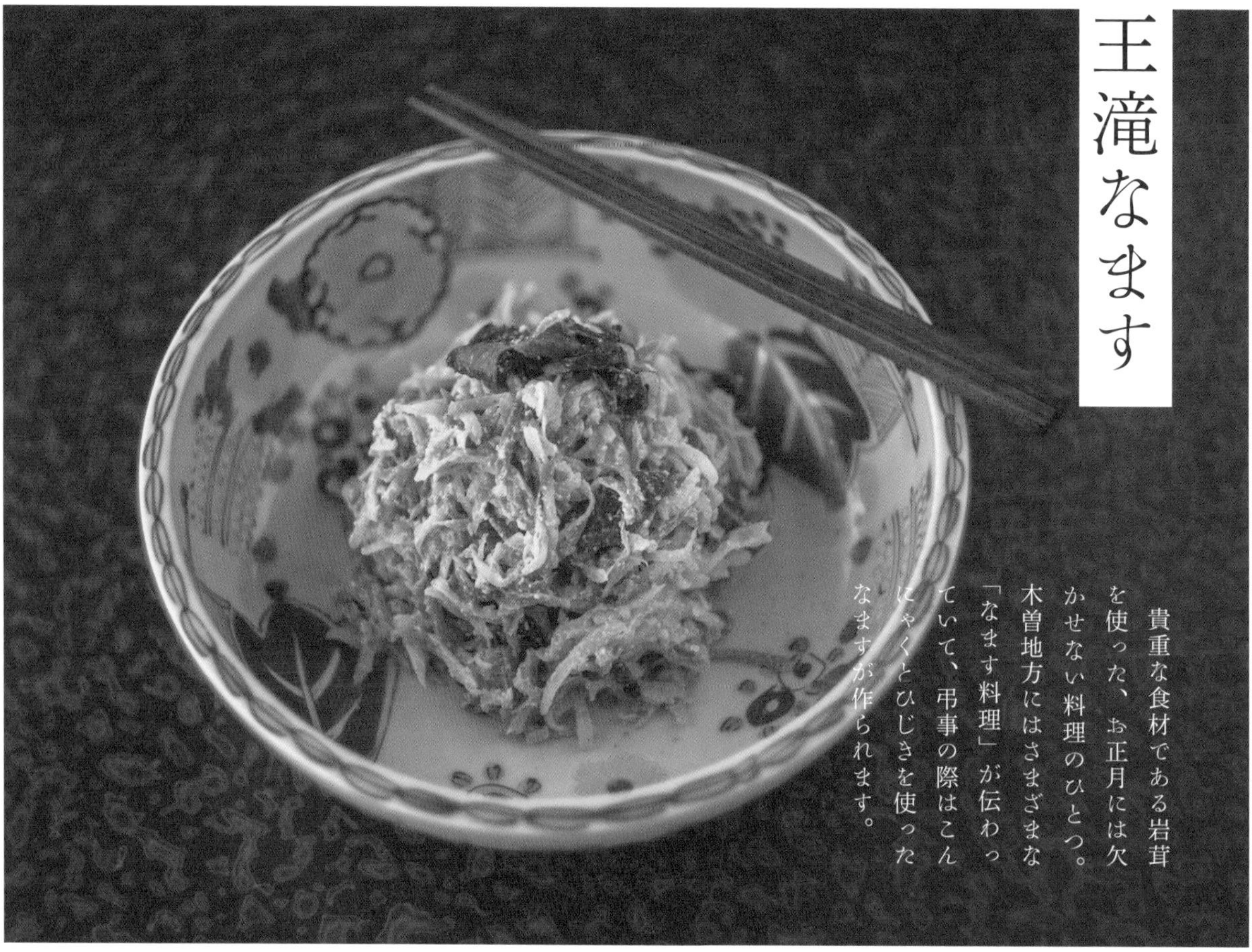

王滝なます

貴重な食材である岩茸を使った、お正月には欠かせない料理のひとつ。木曽地方にはさまざまな「なます料理」が伝わっていて、弔事の際はこんにゃくとひじきを使ったなますが作られます。

材料（6人分）

- 岩茸……50g
- 大根……500g
- にんじん……100g
- こんにゃく……150g
- 豆腐……1／3丁
- すりぐるみ……240g

Ⓐ
酢……大さじ1
砂糖……大さじ4

Ⓑ
しょうゆ……小さじ1／4
酒……小さじ1／4
塩……小さじ1／4

作り方

1. 岩茸はぬるま湯にひと晩浸し、塩少々（分量外）を振ってよくもみ、苔や汚れを落とす。豆腐は水切りし、さっとゆでる。
2. 岩茸をさっとゆでてボウルに入れ、合わせたⒷで下味をつける。
3. 大根とにんじんはせん切りに、こんにゃくは細切りにする。
4. 鍋に大根を入れて火にかけ、水分を飛ばすように加熱する。
5. ④ににんじんとこんにゃくを加えてさっと合わせ、②に加えて混ぜ合わせる。
6. すり鉢に豆腐とすりぐるみを入れてよくすり、Ⓐを加えて混ぜ合わせる。
7. ⑤を⑥で和えたら器に盛りつけて完成。

- 具材は家庭や地域によって、しいたけなどのきのこ類、わらびなどの山菜を使うこともあります。

どんぐり餅

どんぐりはアクが強く調理に手間がかかりますが、山国では古くから食糧として大切にされてきた母の味。王滝村では、その伝統が今に受け継がれています。どんぐり粉は餅やパンに入れると驚くほどなめらかに仕上がるのが特徴です。

材料(作りやすい分量)

- もち米……1升
- どんぐり粉(157ページ参照)……250g
- 砂糖……大さじ1〜2
- 塩……小さじ1
- 油……適量

作り方

1. もち米はよく洗い、ひと晩水に浸しておく。
2. ①の水気をよく切ってから蒸し布を敷いた蒸し器に入れ、強火で30分を目安に芯がなくなるまで蒸す。
3. ②とどんぐり粉を合わせ、砂糖と塩を加えて餅をつく。
4. ③をなまこ形に成形する。食べるぶんだけ1cm幅に切る。
5. フライパンに多めの油を熱し、④を揚げ焼きにしたら完成。お好みの調味料でいただく。

- 写真は、揚げたどんぐり餅にもみじの塩漬けと栗の渋皮煮の天ぷら、大根おろしを添え、つゆをかけました。普通の餅と同様にさまざまな食べ方を楽しめます。ラップをして冷凍保存しておくと重宝します。

どんぐりパイとどんぐりコーヒーゼリー

王滝村で食すのは主にミズナラのどんぐり。おやつや食事のほか、お腹を壊したときは薬として重宝されてきました。餅が伝統的な食し方ですが、後世に伝えるためにさまざまな調理方法が生まれています。

［どんぐりパイ］

材料（6人分）

Ⓐ
- どんぐり粉（左記参照）……100g
- 砂糖……25g
- 塩……少々

- パイシート……2枚
- 卵……適量

［どんぐりコーヒーゼリー］

材料（2個分）

- どんぐり粉（左記参照）……大さじ4
- アガー……大さじ1
- 砂糖……15g
- 湯……250mℓ

作り方（どんぐりパイ）

1. 鍋にⒶを入れて弱火にかけ、焦げつかないように練って「どんぐりあん」を作る。

2. 1枚のパイシートの表面に、周囲1㎝程度残して横に切り込みを入れる。

3. 切り込みを入れていない方のパイシートに①をのせ、②をかぶせる。周辺をフォークで押さえて閉じる。

4. 卵を溶いて刷毛で③の表面に塗り、180度に予熱したオーブンで20〜25分ほど焼く。こんがり焼き上がったら完成。

• どんぐりあんは小豆のあんこと同様に使えます。王滝村では朴葉の葉で団子をくるんで蒸す朴葉巻きにも用います。

作り方（どんぐりコーヒーゼリー）

1. 厚手の鍋でどんぐり粉を煎る。

2. 湯を加えて煮立たせ、どんぐりコーヒー液を抽出する。

3. ②にアガーと砂糖を加えて混ぜ、溶けたら容器に流し込む。冷めて固まったら完成。

• 焙煎時間が長いほど苦味が増すので、お好みで調整します。

どんぐり粉

どんぐり粉はパイやゼリーのほか、155ページの「どんぐり餅」でも使います。

材料（作りやすい分量）

• どんぐり……1㎏（干して皮をむいた状態の分量）
• 重曹……大さじ1

作り方

1. どんぐりはゆでて虫殺しをし、1週間ほどカラカラに乾くまで天日に干し、皮をむいておく。

2. ①をたっぷりの水に浸してひと晩置く。

3. ②の水を捨てたら鍋に入れ、ひたひたの水（分量外）と重曹を加えて弱火にかける。

4. 沸騰したら湯を捨て、再びひたひたの水を加えて弱火にかける。

5. 水が黒っぽくなり沸騰してきたら、④を繰り返す。

6. 黒っぽさが薄まり、苦味が消え、指でつぶせるようになったらザルにあげて水を切り、裏ごしする。

7. ビニール袋などに入れて冷凍庫で凍らせる。

カテゴリー別索引

信州《しんしゅう》のおばあちゃんたちに聞《き》いた
100年後《ねんご》にも残《のこ》したいふるさとレシピ100

2022年9月20日　第1刷発行

編著　大和書房編集部《だいわしょぼうへんしゅうぶ》
発行者　佐藤 靖
発行所　大和書房
東京都文京区関口1-33-4
電話 03-3203-4511

料理制作　信州のおばあちゃんたち（P.8に記載）
制作協力　長野県農村生活マイスター協会
農村女性ネットワークながの
秋山節子、飯森恵美子、片井基典、高地清美、
佐々木雅子、柴田さほり、清水絹子、鈴木喜美子、
内藤孝雄、松崎あけ美、宮坂公美、村松浩介、
森田祐子、吉澤幸恵
監修協力　石坂豊明（長野調理製菓専門学校校長／P.11、P.43、P.67、P.103）

ブックデザイン　宮下ヨシヲ（SIPHON GRAPHICA）
写真　清水隆史（ナノグラフィカ／P.42、P.102を除く）
編集室いとぐち（P.3左下1点、P.50、P.56、P.64、P.151）
取材執筆　山口美緒（編集室いとぐち）
校正　松田昌子（メイ）
題字切り絵　秋山早苗
編集　滝澤和恵（大和書房）

本文印刷　萩原印刷
カバー印刷　歩プロセス
製本　ナショナル製本

ISBN978-4-479-92160-8

https://www.daiwashobo.co.jp